林美芳 ◎ 主编

U0824067

小学英语教学
技能实训

广东高等教育出版社
Guangdong Higher Education Press
·广州·

图书在版编目（CIP）数据

小学英语教学技能实训 / 林美芳主编. —广州：广东高等教育出版社，2022. 5

ISBN 978-7-5361-7230-2

Ⅰ. ①小… Ⅱ. ①林… Ⅲ. ①英语课—教学研究—小学
Ⅳ. ① G623. 312

中国版本图书馆 CIP 数据核字（2022）第 041351 号

小学英语教学技能实训
XIAOXUE YINGYU JIAOXUE JINENG SHIXUN

出版发行	广东高等教育出版社 地址：广州市天河区林和西横路 邮编：510500　营销电话：（020）87553335 网址：www.gdgjs.com.cn
印　刷	东莞市雅达彩印有限公司
开　本	787 mm × 1 092 mm　1/16
印　张	14
字　数	260 千
版　次	2022 年 5 月第 1 版
印　次	2022 年 5 月第 1 次印刷
定　价	45.00 元

如琢如磨兴味长，共研共生向未来

2014 年 12 月，我有幸成为顺德区唯一的小学英语名师工作室主持人。工作室的研究项目为“基于竞赛形式的小学英语教师专业发展实践与探索”。这个项目的落地，是基于多年备赛参赛的实践经验。2004—2014 年我在一线教学期间不断参加各级比赛，先后辅导过付东等 8 位青年教师参加区级以上比赛并且均获一等奖第一名。教师们在备赛期间不断反思提炼，使彼此的教师教学技能持续提升。也正因这些不懈的努力和成绩的取得，2015 年我被选调入佛山市教研室任小学英语教研员。2021 年 3 月，我再次以“基于竞赛形式的小学英语教师专业发展实践与探索”项目申报省学科教研基地。该项目非常荣幸入选为 2021 年广东省基础教育学科教研基地“佛山市小学英语学科”（序号 32）的项目之一，在基地项目资金的资助下，我们有幸再次重启了相关研究。

在研究前测中，我们在佛山市小学英语 5 006 名专任教师中，随机抽取 300 人进行问卷调查，发现目前小学英语教师教学技能提升主要存在两大问题：一是青年教师欠缺经验，渴望能有名师带路，迅速成长；二是资深教师有丰富经验，却容易产生职业倦怠。有鉴于此，在基地校青年教师培训活动中，我们提出两种解决教师专业发展难的思路：（1）竞赛，是我们的向导，解决青年教师难成长的问题；（2）辐射，是我们的追求，解决资深教师职业倦怠问题。我们以竞赛激励为宗旨，以教育科研为先导，以课堂教学为主阵地，打造以网络为交流载体，融科学性、实践性、研究性于一体的研修团队，重点研究以竞赛形式促进青年教师成长的具体思路和策略，同时对产生职业倦怠的教师进行培训，探索优秀教师的成长规律和有效路径。而在研究中，我们主要从教师职业生涯规划等十二大方面对教师的教学技能进行实训，相关参训教师均表示收效明显。

基于以上理论与实践研究成果，我们编著成此书，旨在为小学英语教师教学技能实训提供借鉴和参考。本书编写分工如下：我负责全书框架设计和各章节统稿编写工作，各章节的案例均来自一线教师的宝贵经验。其中，林小漫（广东省佛山市南海桂江小学教师）负责第一章案例的编写，邝文静（广东省佛山市南海外国语学校教师）负责第二章案例的编写，林观有（广东省佛山市南海大沥中心小学教师）负责第三章案例的编写，吴少芹（广东省佛山市南海区桂园小学教师）负责第四章案例的编写，李聘兰、周喜洲、徐再华、梁志惠（广东省佛山市顺德区大良实验小学教师）负责第五章案例的编写，范巧凌和陈冰娜（广东省佛山市南海区实验小学教师）负责第六、七章案例的编写，谢妮媛和马欢欢（广东省佛山市顺德区德胜学校小学部教师）负责第八、九章案例的编写，骆文欣（广东省佛山市禅城区环湖小学教师）负责第十章案例的编写，陈嘉裕（广东省佛山市高明区沧江中学附属小学教师）负责第十二章案例的编写。此外，本书是项目组成员共同研究的成果，凝聚了教师们的智慧和心血。感谢佛山市禅城区教研室黄咏珩老师、南海区教研室姚达文老师、顺德区教研室田湘军老师、高明区教研室刘素芳老师和三水区教研室林成华等老师为本书撰写所提供的鼎力支持和协助。我的硕导、华南师范大学外文学院何广铿老师和广东高等教育出版社姚永清老师给予了宝贵的建议，在此一并致谢！

长期以来，佛山市小学英语学科本着“以赛促教，学习优秀，共同进步”的目标，坚持每年组织开展小学英语教师教学基本功比武活动，省、市、区、校四级教研联动，才取得丰富的实践成果。为此，感谢广东省教育研究院王琳珊老师及时任省教研员张荣干老师一直以来的悉心指导和帮助！感谢各区教研员老师的鼎力支持和协助，感谢佛山市各校小学英语学科组长及老师们的积极参与和配合！本书的出版得到佛山市教育局胡英副局长、教研室彭海燕主任的大力支持，得到广东省学科教研基地项目资金资助，在此一并致谢！

本书是一线教师在千帆竞秀过程中对教学基本功锤炼的总结和思考，希望能助益教师和准教师们的教学技能提升。本书既可作为小学英语教师的教学技能提升培训教材，供小学英语教师自学或研修使用；也可作为小学英语教师资格考试以及高等院校相关专业师范生的参考书；还可供英语教育研究者参考使用。当然，本书也存在可完善之处和上升空间，欢迎广大教师在使用时提出宝贵的修改意见和建议！

林美芳

2021 年 8 月 29 日于广东佛山

目　　录

第一章 教师职业生涯规划实训

凡事预则立。一个人的职业生涯，需要计划和管理。当我们选择并从事教师这一职业时，我们的教师职业生涯就已经开始。你是否曾想过：我希望成为一个什么样的教师？我需要多长时间达到这个目标？我怎么做才能成为这样的教师？对这些问题的思考和回答，就涉及教师职业生涯的规划。

职业生涯规划对教师专业发展具有持续提供动力的功能。本章我们将从为何要做职业生涯规划、怎样做职业生涯规划、如何推进职业生涯发展等几个方面进行阐述，结合小作业以及相关案例进行实训，帮助读者朋友们达到对自我的认知，初步澄清在职业生涯规划过程中遇到的疑惑。

第一节　为何要做职业生涯规划

教师职业生涯规划就是指教师从自身优势和特点出发，根据时代、社会的要求和所在学校的共同愿景而做出的能够促进教师有计划地可持续发展的预期性、系统性的自我设计和安排。

一、教师职业生涯规划的意义

一线教师普遍重视提高学生的学业水平，却忽略以自身专业发展为核心的职业生涯规划。殊不知，工欲善其事，必先利其器。适合的职业生涯规划，能促进教师更有效地开展教育教学工作，促进教师专业发展。特别需要指出的是，职业生涯规划绝对不只是年轻教师的事。不管教师的教龄多少，从当下开始规划自己以后的职业生涯，其意义不可小看，它不仅关系到我们的职业发展和成就，还关系到我们每天的生存状态等职业幸福感。

职业生涯规划之于教师，犹如教学设计之于课堂教学。经过匆忙备课而进行的课堂教学，和经过精心备课而进行的课堂教学，效果是否不一样呢？让我们看看下面的故事。

一个工地上，3名工人在砌墙。记者采访时，问了他们同样一个问题：你在干什么？

甲没好气地回答："你没有看见我在砌墙吗？快走开，我今天不知道要干到什么时候才能做完呢！这鬼活，累死了，干一天才挣200元钱。"

乙回答："我在做房子呀，这个房子的效果图我看了，可漂亮了！我要是能住在这房子里该多好呀！哦！这个工地给的工钱高，一天200元！"

丙说："我在做新社区呀。这个社区做完后太漂亮了，不过，有几个地方要是改动一下，效果会更好。听说，现在可以考规划师，我也报名了，下班后我要去学习！"

五年后，记者又在工地采访，看到甲还在怨声载道地砌墙；乙在新工地负责施工，正在向丙提出建议，希望改动一下设计；丙是新工地的规划设计师。

这个故事从不同方面解读，可以得出很多道理。而亲爱的读者，您知道我们最想通过这个故事，与您分享什么吗？是的，一个人是否喜欢自己的职业，决定了他将来的生存状态；对自己职业意义的认识高度，决定了他能走多远。爱自己的职业，才会从工作中获得乐趣；享受工作，才会钻研，走到更高层次。

二、教师职业生涯发展的理论

关于教师职业生涯规划的概念，最早由美国麻省理工学院的施恩教授提出，而后，研究者们开始关注教师职业发展过程的不同发展阶段。我们的职业生涯有几十年的时间。在这漫长的生涯中，也会表现出职业发展的阶段性特点。

弗兰西斯·富勒于1969年提出了教师职业发展过程包括教学前关注、早期生存关注、关注教学情境和关注学生四个阶段。20世纪90年代，伯利纳认为，教师的职业发展是从没有教学经验的新手型教师成为经验丰富的专家型教师的过程。同一时期的斯滕伯格通过对新手型教师和专家型教师的比较，发现新手型教师和专家型教师在知识、效率和洞察力三个方面存在差异：专家型教师的知识整合更加完整，有更多的教学方法知识和教学背景知识；专家型教师解决问题的效率高，比新手型教师更能创造性地解决问题；专家型教师具有独创的洞察力与问题解决方法，能够对问题的性质进行深入透视。

这些研究使教师的职业发展有了规律可循，为教师职业生涯发展规划的指导提供了科学的依据。

第二节　怎样做职业生涯规划

一个人的职业生涯，会受到机遇、环境等的影响。但俗话说："机会总是留给有准备的人。"教师需要通过有效的生涯规划和管理，使自己在教学能力、科研能力、管理能力等多方面不断进取。

一、自我认识

对于教师的职业生涯发展而言，仅仅认识了自己的人格、兴趣、能力等还不够，还需要反思当前的成长历程、职业发展现状以及教育教学能力。

（一）教师（职业特殊性）自我认识体验练习

1. 自身职业现状分析

（1）教学情况：教学改革、教材设计、第二课堂、教学风格、特色、效果等。

____

____

（2）育人情况：担任班主任工作情况及开展学生思想、品德、政治教育和班级文化建设情况，班级和个人在育人（或德育）方面的获奖情况。

____

____

（3）教科研情况：课题研究、论文专著等有关教学、科研、竞赛（含辅导学生竞赛）方面的获奖情况。

____

____

（4）其他任职情况或示范引领情况（含师徒结对、青年教师培养等）。

____

____

2. 自身素质特点反思

（1）教学基本功。

通过上面的现状分析，在备课、教学方法、学生观、教学评价、板书设计、讲故事、课题研究、论文撰写等方面，哪些是自己的强项？哪些是弱项？可以通过什么途径进行研修学习？

____

____

（2）能力状况。

通过对自身能力分析（包括学科知识、教学风格、语言表达、沟通、领导力、管理能力等方面），发现自己的哪些能力强，哪些能力弱？教育教学活动中常因缺乏哪些能力而觉得有困难？

____

____

（3）个性特点。

是内向还是外向？独立性强还是从众性强？是理智型还是情感型？和学生容易相处吗？因为缺少哪些素质而影响和学生的关系？

____

____

3．成长轨迹复盘

我们可以通过教案本中的课后反思、教育日记、参观考察与观摩、成长自传等方式反思自己的成长轨迹，了解自己已取得的成绩和存在的不足，了解自己的成长阶段，从而增强自己的生涯意识、成长意识、发展意识。

反思的内容可以包括：我的成长历程中有哪些关键转折点？这些转折点都解决了什么问题？有哪些关键性因素影响了自己的成长？

4．了解他人评价

从他人那里获得自身发展状况的评价，往往具有一定客观性。一般情况下，我们可通过对话的形式，获取同行（如教研员、学校同事、其他学校同行等）的评价，也可以通过问卷调查表、座谈会等形式获取学生的评价。自我认知和他人评价一般要综合考虑，以便做好职业生涯规划。

（二）个人成长轨迹·复盘实训案例

【实训案例 1-1】

我的成长历程：拳拳匠人心，孜孜教研路

佛山市南海区桂城街道桂江小学　林小漫

踏入教坛十一载，我一直在和“课题”打交道，在课题研究中扑腾并成长着。每一次的课题研究，都给我的发展带来了契机。对我影响最大的，是三个课题项目的引领。

一、攀登口语项目，带我走进研究摸索期

对于一个人的成长，“平台”很重要。我认为，我是非常幸运的。我2007年刚踏入教坛，便结缘了区级的课题，开展与北京师范大学合作的攀

登英语口语课题项目，身边不断有名师的指引，也获取了非常丰富的教学资源。

在我心中，每一个孩子都是某些人的整个世界。而孩子的学习热情都是可以“燃”起来的，就看老师怎么引导和鼓励。亲其师，信其道。所幸，在我的带领下，学生们的学习积极性高，也富有创造力。刚毕业的我，憧憬着自己的事业，关心学生的学习，也关心学生的生活。学生都亲昵地以我的英文名称呼我：Mandy。

2008 年 9 月，我迎来了项目组视导的区级公开课，也是我教学生涯中的第一节公开课。北京师范大学王文静教授评价“课堂灵动有趣，过渡的细节处理得当，如行云流水”，这给了我很大的鼓舞，我更加热爱我的教学了。我以“公开课”的标准要求自己的“常规课”。那个时候，我住在学校的宿舍，常常每天晚上手写教案和反思。夜深人静，白天的工作没有让我感到疲惫，反而有种精神富足之感。在接下来的每一场公开课，我虚心聆听名师的指导和点评，把这些理念和方式带回到我的常规课中，深刻感受到自身和学生的变化，我听到了师生彼此拔节生长的声音。

随后，我多次承担区级以上公开课及讲座分享的重任，包括海南省攀登英语岗前培训“三年级单元分析”专题讲座、北京师范大学攀登英语远程培训活动“课堂情境创设”专题讲座、福建省厦门市小学英语学科教材（PEP）培训专题研讨课等，我在乎每一次的历练，也在一次次的肯定中感受到了教师的职业幸福感。

逐渐地，我开始把教学中的问题，转化为研究的点。在项目组专家的引领下，我摸索着如何自己做课题。我申报了街道的小课题、区级的小课题，把每个教学问题研究透，我越来越有成就感，也愈发热爱课堂教学了。

二、攀登阅读项目，领我进入风格萌芽期

随着低段攀登口语项目的深入开展，研究成果日趋显著，在此基础上，我加入了攀登英语中段阅读项目的研究，并开始关注教学模式的提炼。我以攀登英语阅读系列《有趣的字母》《神奇的字母组合》为阅读文本，以 PEP 教材中的“Let’s talk”“Read and write”等板块为文本核心，通过故事、歌谣，引入与学生生活经历相关的情景让学生体验，从而感知语言、理解语言，继而运用语言，以此培养学生的阅读兴趣和习惯，发展学生阅读策略和能力，渗透阅读技巧，帮助学生从文本阅读逐渐过渡到初步写作。

在专家同行的指引下，在提炼教学模式、打磨精品课的过程中，我基于主题式教学进行语境创设，重视语言学习的实践性和应用性，让学生乐学、会用。我在实践中坚持不懈地研究、总结、磨炼，逐渐形成了较强的钻研教材的能力，在绘本课堂上开始有了自己的风格：在帮助学生增长知识的同时，丰富学生的经验和情感。学生在语言能力、文化品格、思维品质以及学习能力等方面均有所获，在各级各类的比赛中总能脱颖而出。

我想，我的风格在形成过程中，多少受到我为人处世方式的影响。同事们都知道我乐于分享，因为在我看来，成就一位老师，也意味着成就一批学生。2016 年，我被学校任命为英语科组的领头羊，于是我带领科组基于“1+2+n”教研路线，致力于打造一支内生式发展的队伍，依托两个主题式融合的项目，创设多元浸入式的校本特色。团队的成长与个人教学风格的形成相融共生，在此过程中，我的教学风格更加明晰，也更聚焦了。

三、中国英语阅读教育研究院课题项目，助我踏入风格初显期

因为热爱，所以钻研。我向来坚持以课题为导向和桥梁，通过课题研究，全面提高教学效果，同时促进科组教师教研能力的发展，依托课题研究，引导学生进行深度学习，引领学校科组乃至区域内的英语教师开展高效教学，并辐射到全国其他省、市、区。

在 2007 年至 2017 年的这十年间，我先后深入钻研了低段口语教学及中高段的阅读教学，深知绘本阅读带给学生的无限可能。随后，我有幸参与中国英语阅读教育研究院的专项课题“南海区低段阅读教学课程体系建设研究”，并成为核心成员。受课题组启发，我结合学校实际情况，以自己任教的班级为个案，从学校的指导阅读，到家庭的亲子阅读，再到社区的自主阅读，构建了“学校—家庭—社区”良性循环的阅读生态圈，同时，提炼了“指向思维品质培养的小学英语绘本 ARTS 教学模式”（见图 1-1），并在科组深入推广，指导教师运用这一模式进行备课，在南海区和其他省、市参观团展示课中进行展示，获得很高评价，且有两个教学设计被外研社收录并通过外研社公众号进行推广，这给了我莫大鼓舞。

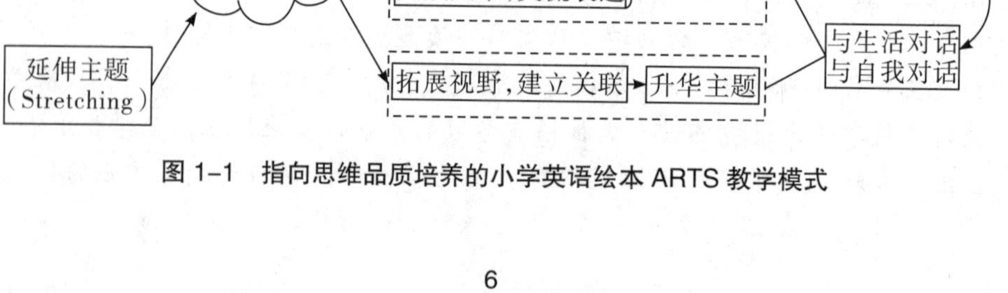

图 1-1　指向思维品质培养的小学英语绘本 ARTS 教学模式

随着各项课题的开展，在平时的观课、磨课、评课中，我不断尝试、修正自己的思维方式以及行为习惯，从只关注课堂教学模式，到关注自身教学风格，并在研究的推进中凝练了教学风格："绘"声"绘"色。我的教学，从"注重学生知识的增长"，到"注重丰富学生的经验和情感"这种温暖无压的课堂，再到"通过引导学生学会赏读，包括感受绘本中的情景、情节和情感，加深对世界的认识，体验语言文学之美；同时关注绘本阅读中的留白艺术，通过图片、文字、语言等，启发学生思维，引发学生补白的动力"这种三情融合的课堂。

我在教学风格显现之余，也致力于在实践中进行完善。我带领科组教师将绘本 *Mimi the Superhero* 的备课过程设计成情景剧，受邀在佛山市小学英语科组长及骨干教师培训会上，以及南海区小学英语阅读推广大会上进行演绎，获得高度评价。

我深深感受到课题带给我的，远非课题本身，自己正突破专业发展的瓶颈，这令我更有自觉发展的内生力。

通过对自我成长历程的反思，我更加坚定了"课题研究"这条专业发展之路。我相信，依托课题研究，我以及我所带领的团队，可以走得更远。

二、环境分析

环境对个人职业生涯规划的影响是显而易见的。在进行教师职业生涯规划时，我们重点考虑两个方面。

（1）社会环境：我们所处的时代对自身职业和工作提出了哪些要求，提供了哪些条件，提出了哪些挑战，带来了哪些机遇？这样的环境对自己的工作和发展有什么样的影响？

（2）学校环境及发展机会：你在什么类型、水平的学校？学校的文化（物质文化、精神文化、行为文化等）是怎样的？学校的环境和文化对你的专业成长有哪些有利影响和不利影响？你如何充分利用有利影响并克服和避免不利影响？目前你该如何利用这些因素促进自己的职业发展？

三、目标确定

每个人都有自己的愿景，但在很多情况下，人们对自己的愿景的认识往往是模糊的，或是有误解的，这样就会造成行为的盲目。比如，有些人的愿景是"做一名优秀的人民教师"，那么"优秀"的标准在哪里？如何分成小目标，一步一步达成愿景？对于一个人来说，关键并不是如何建立个人愿景，而是如何厘清个人愿景。

在规划具体的奋斗目标时，可对标市、区、镇街的名师评选（认定）标准。例如，在镇街、区级的教坛新秀（培养对象）、骨干教师、学科带头人、首席教师、标杆教师这几个名师级别中，我目前处于哪一个级别？我想成为哪一级的名师？对应评选（认定）的标准，我在哪些方面需要努力？

建议用数字来说明自己到底要达到什么目标，三年内有什么目标，2023年有什么目标，等等。看书，看几本，看什么？上课，上什么级别、什么性质的课？参加教坛新秀评比，争取获得什么成绩？写论文，争取获什么级别的奖；发表论文，要发表几篇，什么时间发表，发表在什么级别的刊物上？短期目标要小，越容易达到越好。

四、具体措施

在科学合理地认识自我、分析环境、确定目标之后，就进入具体措施制定阶段了，也就是明确通过什么途径、什么培训达成目标。它应具有可操作性。

目标与具体措施示例见以下实训案例。

【实训案例 1–2】

预则立，不预则废

——我的三年发展目标和具体措施

佛山市南海区桂城街道桂江小学　张雪敏

作为教龄仅两年的新人，我在进行个人职业生涯规划时，有幸得到学校领导和前辈们的指引。我对自己的发展定位是：成为专业型教师，并力求自己由专业型、经验型教师向研究型教师转变。

我近三年的发展目标是：成为桂城街道的教学新秀，也就是骨干教师的培养对象。对标桂城街道教学新秀的评选标准，我将目标切割为年度小目标，并为自己定下了达成目标的具体行动。

1. 整体性目标。

全面提升英语学科的专业素养，提高自己的教育教学水平，逐步成长为英语学科优秀教师，申报桂城街道教学新秀。

2. 阶段性目标。

第一阶段（2019—2020年）：通过自主学习提升学科专业素养。

从阅读理论书籍、参加课题研究、打磨公开课、撰写论文等方面促使教师理论素养的专业化。

具体措施：

（1）认真读好十本书，并做好理论学习笔记，养成系统阅读的习惯。

教育方法类：①《爱心与教育——素质教育探索手记》；②《好懂好用的心理学》；③《教师如何与学生沟通》；④《直面教育现场——书生校长的教育反思》。

英语专业类：①《多元文化教育的理论与实践》；②《小学英语分级阅读教学：意义、内涵与途径》；③《英语阅读是金》；④《窗边的小豆豆》；⑤《英语爱“拼”才会赢》；⑥《不能错过的英语启蒙》。

（2）争取并珍惜外出学习机会，充实自己，开阔自己的思路，同时将所见所感形成文字，争取机会在科组例会或科组微信群中分享，与同伴们碰撞出思维的火花，为教学实践寻求支持和建议。

（3）对任教的电子书包班展开小课题研究：“基于电子书包的小学英语一年级‘互动教学模式’研究”。

（4）打磨电子书包展示课精品课例至少两节，并争取机会上送街道评选或进行公开展示。

（5）反思课例、总结教学经验并撰写论文《小学英语高效智慧课堂的构建研究》，对课堂模式进行提炼。

发展定位——掌握信息技术与学科教学融合的技能，立足课堂教学，系统自觉地学习，全方面、多渠道提升自身专业素养。

第二阶段（2020—2021年）：通过经验＋反思提升个人教学能力。

美国著名学者波斯纳曾经提出教师成长的公式：教师成长＝经验＋反思。教师要把课堂、日常教育作为案例，以先进的教育教学理论为指导，对课堂教学、日常教育管理工作进行诊断与评价，从而找到改进的切入口，获得专业成长。

具体措施：

（1）在日常教学活动中，要及时写教学反思，总结课堂成功之处，重点查找存在的问题，学会思考，及时改进。

（2）不断更新教学理念，以先进的教育理论为指导，聆听专家讲座，对自身经验进行批判性反思。

（3）经常性地进行学习性听课，通过对照反思，及时发现自己教学中的问题，吸纳他人的成功之处，不要片面模仿。

（4）承担不同课型的课例，如对话课、绘本课、语音课等，通过教学实践与反思，总结不同课型的课堂活动设计与课堂模式，尝试提炼自身的教学风格。

（5）积极参加青年教师技能比赛，提高教材分析能力、教学设计能力和课堂组织调控能力。

发展定位——提高经验认识水平并强化教学反思能力；提高教材分析、教学设计和课堂组织调控能力。

第三阶段（2021—2022年）：通过校本教研提升教育智慧。

开展教科研工作，目的就是要使教师有“智慧”：在研究的过程当中，形成发现问题、提出问题和独立研究探索的意识和能力。作为教科研的管理者（实践者），自己也要有“智慧”：既要有专业知识，又要有良好的沟通、协调、指导、帮助同伴的能力。

具体措施：

（1）积极参加教育部门组织的继续教育学习和学校组织的校本研训活动。

（2）在日常教学中立足学生发展，善于发现问题、提出问题，积极思考解决办法，与备课组老师和有经验的老师商量解决方法。

（3）精心策划，形成解决方案。在实施过程中，周密组织，注意积累资料，收集信息，反思总结。

（4）承担学校及上级部门组织的课题实验教师角色，并努力提炼教学中碰到的问题，形成小课题，以课题研究带动自身的发展。

发展定位——力求自己由专业型、经验型教师向研究型教师转变。

五、评估调节

评估与反馈是指在实现职业生涯目标的过程中，根据实践的效果不断评估，总结经验教训，修正自我认知，调整职业生涯策略，以便更好地实现职业生涯规划目标。①

评估时可以从以下方面切入：（1）自己的才能是否充分施展？（2）对自己的变化（教学能力、教研能力、管理能力、绩效、职称、职务、人际关系处理等）是否满意？（3）父母、配偶、子女等家庭成员是否对自己的职业规划给予支持？一方面要正确认识自己，另一方面要不断完善自己。对于个人、工作和家庭的关系处理，可通过谈心、征求意见等方式，争取彼此达成共识。

经过评估和反馈，我们知道自己的强项是什么，知道自己还有待改进的地方是在哪里，找到关键的有待改进之处。这时，就需要为此制订详细的计划并行动起来。

---

① 杜秀芳. 教师职业生涯规划与发展［M］. 上海：华东师范大学出版社，2015.

【实训案例 1–3】

表 1–1　个人生涯规划评估调节

<table>
<tr><td>姓名</td><td></td><td>性别</td><td></td><td>年龄</td><td></td><td>政治面貌</td><td></td></tr>
<tr><td>学历</td><td></td><td>学科</td><td></td><td>职称</td><td colspan="3"></td></tr>
<tr><td>教龄</td><td></td><td>班主任
年限</td><td></td><td>任教
年级</td><td colspan="3"></td></tr>
<tr><td colspan="3">工作经历</td><td colspan="5"></td></tr>
<tr><td colspan="2" rowspan="4">现状分析</td><td>教学情况</td><td colspan="5"></td></tr>
<tr><td>育人情况</td><td colspan="5"></td></tr>
<tr><td>教科研情况</td><td colspan="5"></td></tr>
<tr><td>其他任职或
示范引领情况</td><td colspan="5"></td></tr>
<tr><td colspan="2" rowspan="2">认识自我</td><td>我眼中的自己</td><td colspan="5"></td></tr>
<tr><td>别人眼中的我</td><td colspan="5"></td></tr>
<tr><td colspan="2" rowspan="4">三年发展目标</td><td>名师（班
主任）级别</td><td colspan="5">在对应级别上打√：市级、区级、镇街级、校级教坛新秀（培养对象）、骨干、带头人、首席、标杆</td></tr>
<tr><td rowspan="3">对标相应评选（认定）标准</td><td colspan="5">基本条件：</td></tr>
<tr><td colspan="5">能力条件：</td></tr>
<tr><td colspan="5">业绩条件：</td></tr>
</table>

续上表

三年职业生涯目标、计划、措施	三年总目标	
	第一阶段目标	
	计划与措施	
	第二阶段目标	
	计划与措施	
	第三阶段目标	
	计划与措施	

备注：

1．工作经历主要回顾工作岗位变化、评先评优等，总结出最辉煌或最满意的 4~5 件事，如工作业绩、职务晋升、学业进步等。

2．对标相应评选或认定标准主要指教育行政部门下发的评选或认定标准，一般基本条件含资历学历、职称资格、师德及考核、班主任经历、继续教育、影响力等，能力条件含备课能力、教学方法、学生观、教学评价、板书设计、讲故事等，专业条件含教学成绩、综合荣誉、课题研究、论文专著、个人获奖、辅导竞赛、示范引领等。

3．三年目标可从教育、教学、教科研、自我成长、在学校中的位置方面谈。

4．计划与措施包括学习时间、内容、业务提高程度、自我评估等。

第三节　如何推进职业生涯发展

良好的工作习惯，可以帮助教师塑造良好的素质和素养。对教师而言，工作习惯更是代表了自己的一种教育生活方式，它会延伸到各种新的教育情境中，延续到各种教育环节中，直接影响教师职业素养的树立和培养。

一、自我反思

叶澜教授曾指出：“一个教师写一辈子教案不可能成为名师，如果一个教师写三年教学反思，就有可能成为名师。”美国学者波斯纳认为：教师的成长＝经验＋反思。可见，教师成长过程应该是一个总结经验、捕捉问题、反思实践的过程，而反思能力是教师持续发展所必备的素质之一。

反思的内容，可以包括教育观念的更新、教师角色的转变、教学过程及效果的反思、个人经验的总结等。教师可通过反思自己日常教学经历，使经历转换为经验，再通过对经验进行阐释、归纳和概括，提炼为行之有效的教学策略等，这是教师专业化成长的必由之路。

自我反思示例见实训案例 1–4 所示。

【实训案例 1–4】

厚积薄发，行稳致远

——2020 年佛山中小学青年教师教学技能大赛
小学英语科决赛总结与反思

佛山市高明区沧江中学附属小学　陈嘉裕

“梦想是不会发光的，发光的是追梦的你。”如果说一段教学生涯就是一趟不断学习的旅程，那么每一次的技能比赛都像是一个山坡，当你铆足干劲爬上去，你就能看到更远更开阔的风景。从校内赛的选拔，到区赛的角逐，再到市赛“群星闪耀”般的比拼，每一场的历练都是我教学生涯上的一次爬坡，遇见更多的美好，收获满满的感动。

感谢广东省教研员王琳珊老师高屋建瓴的指引，感谢佛山市教研员林美芳老师为我们青年教师搭建了宝贵的素养展示和专业交流的平台，感谢高明区教研员刘素芳老师一直不断的引领指导和支持鼓舞，更要感谢我背后的沧江中学附属小学领导和团队老师们的托举。是大家的专业与坚持，给了我莫大的鼓励和信心，让我坚定地一步一个脚印走到市赛的舞台！

作为本次活动的参赛者，一路走来，有过说课时缺少学术理论引领的迷茫，有过故事演绎瓶颈突破期的焦虑和沮丧，有过寻得名师课例欣赏提升后的快乐。虽挑战多、压力大，但也感触颇多、获益良多。

一、及早准备，厚积薄发

赛后整理这一段时间的备赛资料，才发现备赛至今，已不知不觉经过了数月时间。从一开始的苦练基本功，到后来的针对性地加训，这既是一种备赛准备的过程，更是一种自我修炼提升的阶段。特别是在从教 8 年后，这样一个“备赛”机会，可以让我整理自己的职业经历，审视自身，查漏补缺，针对提升，调整未来职业方向和规划的时间，我十分珍惜，也很享受其中。

为了从经典中汲取营养，我多次翻阅《英语新课程标准》《小学英语分级阅读教学：意义、内涵与途径》《如何说英语课——方法与艺术》等书籍，对照《极简简笔画 6 000 例》和粤教研平台中的《跟小马老师学英语版书设计》栏目视频磨炼自己的英语板书设计能力。

为了积极从优秀课例中寻找方向，我也仔细参考了前几届全国小学英语教学观摩研讨会的优秀课例和省部级名师公开课，在 103 节课中一节一节地学习提升。

纵然这里面不是所有的努力都能有所收获，但我相信，这里面的每一滴汗水都将会滴灌在我未来教授的每一个孩子身上，也让我更有底气地面对一切挑战。

二、脚踏实地，课堂运用

“我们最大的赛场就在我们平时的每一节课上，让我们都把今天所学积极运用到我们的课堂上，一起享受教育幸福，创造幸福教育！”这是在去年市赛的观赛现场上，林美芳老师最为打动我的一句话。

在备赛期间，我也一直以林老师的这句话警示自己，及时将所思所学写在课堂上、运用在孩子们的身上：磨砺板书能力，我用一支粉笔、一块黑板画出了绘本故事脉络并复述演绎；改革课堂评价方式，我在英语合作学习课堂中引入了“多维度评价表”，改变课堂评价主体；提升故事演绎能力，我在戏剧演绎课堂中与学生探索多角色演绎时声调的变换方式；探索互动式课堂教学，我主动摸索运用 Focusky 软件制作交互式课件……

不忘初心，方得始终。我希望通过自身的进步和提升，让孩子们见证并享受老师在备赛过程中的“成长”，这也是我一开始决定参加这一次技能比赛的“初心”。

三、调整心态，从容面对

回头看看这些日子的备赛，好像一直都在准备，但却总觉得时间不够用。我曾为了想一个有创意的说课结尾升华理念，花了两天的时间全网搜索，将说课的模板敲定又推翻，到了第九版还在修改完善。这期间，我和团队的小伙伴们经历过无数次的推翻重做，也从一开始备赛的慌乱失措、无从下手，到最后的调整心态、从容应对，在高压状态下努力正常“运转”，把一件一件事情有条不紊地完成。这也是我在参赛过程中最大的收获。

在这个过程中，我要感谢家庭的支持，更要感谢科组团队老师的体谅和帮助。他们在为我承担了部分会务筹备工作的同时，坚持每日帮助我进行常规训练并提出故事演绎中的改进点，每周模拟赛对我的 20 分钟课堂展示进行反复推敲和演绎，赛前 24 小时备课期间更是工作至深夜……正因为有大家的支持和托举，我才更有信心坚持走下来。

四、赛后感言

赛场上收获的掌声，是对我的鼓舞，也是对我的鞭笞。每一次的成长都需要经历一次破茧成蝶的疼痛。比赛是一种成长，备赛更是一份历练，真正的准备从来都不在比赛前，而在我们平时的每一节课堂上，每一天的工作中，所有的能力绽放都是厚积薄发的结晶。感谢这一次的参赛机会，让我重新审视自己，再次出发。

二、终身学习

可以说，终身学习是一个持续点亮内心的过程。

历史上没有任何一个时代比现在更需要终身学习理念的支撑——时代飞速发展，知识和技能的革新周期加速，越来越多的低端、简单、重复劳动被AI人工智能所取代，一个行业、一个领域、一个技能、一种知识储备包打天下的情况一去不返。如何构建起人类在新时代的动态竞争优势？终身学习是唯一的路径。

教师可通过工作与学习相结合、参加培训、网络学习、阅读书籍资料、教学考查与观摩等学习方式，充分利用可以学习的资源，通过一个又一个目标的设定与分解，从多领域汲取养分，不断精进，最终学有所获，学以致用。教师通过不断地学习提高自身的素质，以促进教师职业生涯的持续与全面发展，真正实现自身与职业的双重发展。

下面的7个评价维度，可以帮助您了解自己的终身学习态度：

1. 您每周用于学习或进修方面的平均时间是多少小时？______小时／周。
2. 其中出于职业目的（或者用于职业进修）的时间：______小时／周。
3. 当我学习时，我几乎总是体力充沛、精神饱满。
4. 我知道怎样去创造理想的学习条件（比如最佳学习时间、学习材料的分类）。
5. 我很清楚怎样弥补学习和教育的漏洞。
6. 我的工作环境和人际圈，为我的学习和进修提供了良好的条件。
7. 我会把钱花在为自己创造良好的学习和进修环境上。

三、时间管理

时间管理并不是简单地以时间为对象的管理活动，而是关于如何通过善用时间来管理自己的活动，实质上就是自我管理。

以下是有关时间管理需要记住的三个重要观点：

（1）计划和准备是值得花精力去做的。要将大部分时间计划好，并留出一定时间作为灵活时间，用来应对各种无法预料的事。

（2）确定优先次序，去芜存菁。确定优先次序意味着决定什么时候你要做什么。通过确定哪些是最重要的项目，对你每一天的工作和生活进行规划，就可以增加你想达成自己目标的可能性。意大利经济学家巴莱多的二八定律，也带给我们一个启示：集中精力解决少数重要问题，而不是解决所有问题。

（3）专心致志是解决问题的关键所在。通过减少干扰并将注意力集中于手头上的工作，你可以使自己努力的效果成倍增长。

四、倦怠调节

教师职业倦怠的典型特征是：工作满意度低，工作热情和兴趣丧失，以及情感疏离和冷漠。在身体方面的具体表现是：没有食欲，睡眠不好，反应力弱化，注意力分散，记忆力下降。在心理方面的具体表现是：缺乏热情、倦怠工作，易产生疲惫感，长期处于焦虑、沮丧状态，情绪波动较大、易躁等。在行为方面的具体表现是：得过且过，仅满足于完成任务，害怕竞争。

教师职业倦怠自测问卷

以下情况是否经常在你的工作中出现？请根据自己的实际情况填写问卷（分值标准：1 分——根本没有这种情况；2 分——很少有这种情况；3 分——有时会有这种情况；4 分——很大程度上有这种情况；5 分——完全符合）。

1. 我感觉工作负担过重，常常感觉难以承受或有种喘不过气来的感觉。（ ）

2. 我觉得待遇不公，常常有受委屈的感觉。（ ）

3. 我总是一边工作，一边看时间，心里想着早点下班。（ ）

4. 我认为自己是个完美主义者。（ ）

5. 我不认为自己当前正在做的工作有意义。（ ）

6. 我会忘记分配给自己的任务、自己的约会，有时甚至会忘记自己的私人贵重物品。（ ）

7. 我认为自己总属于被忽略的角色，我的努力并没有得到重视。（ ）

8. 我觉得自己和同事相处不好，有各种各样的隔阂存在。（ ）

9. 我工作比以前更努力，可取得的成就却比以前少。（ ）

10. 我通过做白日梦、看电视或者阅读与工作无关的读物等方式来逃避

工作压力。(　　)

11. 在工作中遇到问题时，我没有可信赖的人值得倾诉。(　　)

12. 我对自己的工作和生活毫无控制感。(　　)

13. 我经常在下班之后想着工作上的事情。(　　)

14. 我没有时间去做自己喜欢做的事情。(　　)

15. 我经常通过请假或者是迟到等方式减少自己的工作时间。(　　)

分值解读：

18～37 分：倦怠度较低。很幸运，你还没有患上职业倦怠症，你的工作状态不错，继续努力哦。

38～52 分：轻度倦怠。你已经开始出现职业倦怠症的前期症状，要警惕，请尽快调整。你需要为自己的职业状况进行反思和规划，以提升你的职业竞争力。

53 分以上：倦怠度高。你对现在的工作几乎已经失去兴趣和信心，工作状态很不佳，长此以往，极不利于个人的职业发展及生活状态，最好尽快调整。你需要为自己的职业状况进行反思和规划，有条件的可向职业规划方面的专家求助。

教师职业倦怠是职业生涯发展过程中的一种非正常行为和心理。出现职业倦怠，不代表永远积极不起来。那么，如何摆脱职业倦怠呢？不管是否处于职业倦怠期，都建议教师拥有以下的生活及工作方式：

（1）坚持体育锻炼，保持健康饮食。健康的生理状态是愉快工作的基础。

（2）有稳定的倾诉伙伴，包括家庭、朋友等。对待压力就像治水，不能围堵，只能疏导。当然，如若你最好的伙伴，每次听你倾诉时，都是与你一起数落对工作单位、工作伙伴、工作分配等的不满，那么你就要敲响心中的警钟了。消极的应对，一个鼻孔出气，表面上可以让你们的关系更加亲密，实质上对于彼此走出职业倦怠期毫无益处。

（3）重新设置合理的职业生涯规划目标，当自己的小目标一个个实现时，心中的热情会更容易燃起来。

第二章
小学英语教师技能之教师口语实训

英语学科的核心素养包括语言能力、思维品质、文化意识和学习能力四个维度，其中语言能力涉及语言知识、语言意识和语感、语言技能、交际策略等。小学英语教师的语言能力对于英语教师的专业发展及学科素养提升是非常重要的：平时常规的英语教学需要用到良好的英语口语；对外的公开课、比赛课离不开良好的英语口语；英语教师的基本功技能比赛更是需要良好的口语。掌握英语的语言能力，可以帮助学生在学习英语和实践活动中，了解更多的英语知识。掌握英语的语言能力，可以帮助学生在磨砺意志、陶冶情操、拓展视野、丰富生活经历、开发思维、发展个性和提高人文素养的过程中，学习更多的知识技能。

在这一过程中，我们英语教师需要帮助学生培养语言能力，培养思维品质，提升文化品格，提升学习能力；帮助、构建和培养他们学习和掌握英语学科的核心素养。语言能力是以听、说、读、看（图形、表格、符号、视频等）、写等方式，理解和表达意义、意图和情感态度的能力。语言能力的提高有助于学生拓宽文化视野，丰富思维方式，在全球化背景下开展跨文化交流。

第一节　小学英语教师口语实训的必要性与重要性及备赛

一、小学英语教师口语实训的必要性

正所谓：“育人者，身先行。”良好的口语，对小学英语教学质量的提升，有很大的帮助。所以，我们一线教师在深钻教材的同时，还要大量汲取课外知识，不断充实自己的专业技能，不断提升自己的业务能力，以扎实的文化素养为学科体系建设提供支撑。只有这样，才能传授给学生准确无误的学科知识，

正确引导学生真正掌握所学内容，让学生更大程度地受益。

英语教师掌握正确的语音语调是非常重要的，因为学生在语音学习的过程中离不开模仿，更离不开教师的引领示范。教师的语音、语调的精准，有利于培养学生学习英语的自信心，有利于学生进行正确的模仿，有利于学生进行流利的朗读。学生只有准确地掌握语言的发音技巧，才能更好地模仿老师的语音、语调，才能投入到语言学习当中去。如果教师发音不够标准，就会对学生的语音语调的学习产生一定的误导。久而久之，学生的英语口语能力就会有所下降。当语音与知识学习逐渐脱节时，英语学习就会日渐困难，最终导致学生失去学习英语的兴趣，更谈不上与他人的交流。

英语教师的语言能力直接关系到教学的成效，这就要求教师要具备扎实的语言技能，过硬的语音、词汇、语法、语义等专业知识，以及出色的口语表达能力。教师引导学生有针对性地模仿、背诵和复述练习，目的是训练学生正确的语音、语调，培养他们英语的语感。教师若想帮助学生进行语言技能训练，就必须不断地提高自身的语言能力。因为，教师准确、流利的口语是激发小学生英语学习兴趣的基本条件。因此，教师平时要加强自身素质，有针对性地练习，目的是训练正确的语音、语调，培养英语语感。与此同时，教师还要通过各种方式，如阅读、做练习题、听英语音频、看英语录像和电影等来扩大词汇量。只要你多给自己创造一些用英语表达的机会，就能够在运用的过程中不断改进和提升。“打铁还需自身硬！”

二、小学英语教师口语实训的重要性

作为一名有着十几年一线教学经验的小学英语教师，我经历过区、市、省以及全国级别的小学英语教师技能大赛，以及现场展示课比赛。在一次次现场的实践过程中，我深深地体会到具备良好口语能力的优越性。要想得到良好的口语表现，实训非常重要！

通过多年的参赛历练，我获得了一些荣誉，其后又积极投入到学校培养青年教师的实训工作中去，成为青训队智囊团成员，主抓口语实训。在无数个备战的日日夜夜，教师们定目标、选战术、备计划，齐心协力，共同成长。

三、筹建实训团队，提前备赛

对于任何级别的比赛课或者基本功技能大赛，所有的参赛教师及学校都会特别重视，因为“机会只会给有准备的人”。在近几年的中小学英语教师技能比赛中，无论是区、市、省还是全国级别的，都会涉及教师板书设计、英语讲故事、英语演讲、英语说课、课堂教学等环节。

佛山“小英人”（佛山市小学英语教师），近几年在广东省小学英语教师技能大赛中获奖连连，这和我们“有备而战”是分不开的。现以 2020 年佛山市小学英语教师教学能力大赛为例详解备赛过程。这次比赛分为三个环节：课堂教学展示环节、英语说课环节和英语故事环节（见图 2–1）。

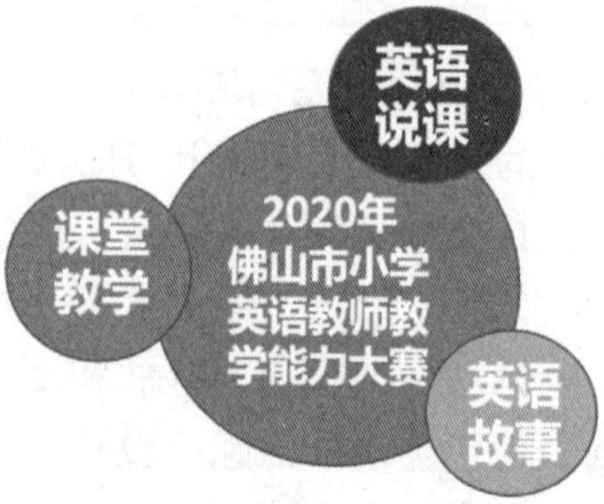

图 2–1　2020 年佛山市小学英语教师教学能力大赛环节

通过分析以上比赛项目，我们知道，教师本身的英语口语水平的高低就是决胜赛场的重要指标，它起着举足轻重的作用。所以提升英语教师的口语素养被纳入了备赛的日程。

在甄选出参赛选手和备战智囊团队后，我们根据参赛选手的自身特点和素养，制订专属的实训计划方案。为了达到预期的参赛效果，在实训的过程中，我们根据英语教师技能比赛项目制订实训计划，智囊团队里的每一位教师通过以赛促学、以赛促改、以赛促训，不断地磨炼，实现共赢。

第二节　小学英语教师口语“实训锦囊”

一、“锦囊”之一——先“声”夺人

对于一名英语教师而言，良好的英语语音不仅是自身站稳讲台的“身份象征”，也是贯穿于整个英语教学过程中赢得课堂的“生命线”。听、说、读、写四项基本技能均与良好的英语语音相关联。

案例一：新晋教师陈老师，声音洪亮，面部表情丰富，课堂富有激情，但语音语调不够纯正。如何帮助陈老师纠音正调，让她无论是在说课环节，还是在讲故事环节，都能用纯正的语音震撼开场，做到先“声”夺人呢？以下是我们为陈老师所做的实训方案。

【实训案例 2-1】

陈老师语音语调强化正音实训方案

一、学员分析

教师：陈老师

教龄：5 年

需要加强的训练内容：教师的语音语调。

二、语音语调强化正音实训内容

建议加强语音语调方面的练习，要从以下三方面进行逐步提升。

（1）提升自身语音技能，加强气息以及发声器官的机能训练。

（2）提升语音理论知识（推荐《英语标准发音教程》《英语语音语调·从零起点到发音王》和《如何教发音》三本书）。

（3）通过李晨老师的网课“在职英语老师如何提升英语语音”进行实操性学习。

李晨老师在他的语音操练的“十二字方针”中说道：英语不像中文有四种声调，它只有升调和降调。但是在句子中一味地使用升调或者降调，都会造成语调难听。语调与语音相似，它的改善也需要日积月累。但是语调的改善需要不断地模仿纯正发音并进行听力练习。“听进去”是指充分顺应和利用人的“回声记忆（echoic memory）”能力，将练习内容的颗粒度减小到回声记忆能够承载的程度，同时保证重复次数，让听到的声音成为有效输入。“辨分明”是指在单音操练时区别“最小对立对（minimal pairs）”，在句子操练时区分重读音节和非重读音节。不论是前者还是后者，区分度一定要明显。长此以往地进行有意识的辨音操练，有助于英语的语音范畴在人脑中扎根。“外化形”是指对语音口形要领的掌握不能仅停留在识记并描述的浅层次，也不能依赖于任何一位老师的视频示范，而是要通过对嘴唇、舌头、下巴和声带振动的观察和感知，将各个音的口形要领（尤其是“动程”）真正地“练到嘴上”。最终的衡量标准是当学生说起任何一个音时，头脑里第一时间反应的是自己的发音器官该如何协调运作以及自己在发这个音时的口形。“内化音”指的是脑中的“内部语言（inner speech）”，是外部声音进入到长期记忆后留存下来的“音档”。人们能够说出来的每一句话都是从长期记忆的“音档库”中调用的，而语音操练的最终目标也是将可用的、优质的语音储存到这个“音档库”里。具体操练时，学习者要保证“听进去”，并且让这段语音在脑海里“余音绕梁，三日而不绝”，最终成为“音档库”中可靠的、可随时调用的素材。我们备赛智囊团根据李晨老师语音操练的

“十二字方针”制定以下语音语调考核检查内容。

三、语音语调强化正音考核内容

考核跟进人：张老师

考核内容：

（1）每日线上学习李晨老师语音课程并进行打卡。

（2）加入英语趣配音 VIP，每日对指定内容配音、评分、打卡（app）。

（3）每天使用《新概念英语》第三册点读版跟读打卡（录音）。

（4）每周选取 2 篇英文美文在教科研会议前范读打卡。

表 2-1　陈老师语音语调强化正音实训评价表格

考核人：陈老师

考核跟进人：张老师

时间	语音课	配音	《新概念英语》	美文	考评人 1	考评人 2	考评人 3	亮点	需要改进的地方

表格使用方法说明：

1. 内容（1）（2）（3）考评时间按照常规天数进行，内容（4）按照周进行。

2. 每次由 3 名教师参与考评，主要针对语音语调进行评价，并给予切实可行的意见和建议。

3. 参评教师简明总结亮点与不足之处。

4. 考核跟进人每周检查评价情况，留底备案。

二、“锦囊”之二——“声”临其境

英语口语要想达到“声”临其境的程度，就必须让听众通过你声音展现的语言魅力，从中感知到一个画面或场景，融入你讲述的故事中，感觉成了你故事中的某个角色，与你感同身受！比如，小时候我们爱听的鞠萍姐姐、董浩叔叔讲的童话故事，长大后我们爱听的单田芳先生、袁阔成先生的历史评书，正是因为他们声音的魅力，我们才会有“声”临其境的感觉。

我们在讲英语故事的时候，需要创设一个具体的情境。有了我们对故事情境的描述，听众会更好地感知与理解故事的内容。我们还可以在描述故事的过程中，根据故事的情景需要巧妙地将教师的其他方面的才艺融入其中，以彰显教师全面的综合素养。

佛山市顺德区小学英语教研员田湘军老师，在其公众号上分享了英语教师技能比赛的总结，文中提到，在讲故事这一环节中，要注意故事的四个维度——完整度、流畅度、可理解度和得体度。

完整度指的是要忠实原文，注意文章的教育寓意。流畅度指的是我们讲的时候的语音语调自然流畅，每个环节直接地衔接等。可理解度是指站在学生的角度，让孩子们易于理解、易于接受，讲述时逻辑连贯和可理解。另外还要注意讲故事的技巧。

案例二：青年教师黄老师，语音、语调标准，但是由于其自身性格内向，不善于表现，面部表情不够丰富。如何帮助她根据故事的脉络，增加语言表达的生动性，让听众如临现场，产生“声”临其境的感受呢？

故事讲述若想达到“声”临其境的效果，我们可以借助网络平台和手机 app 的资源，来拓展我们在线上进行英语口语演练的空间，增设我们学习英语的“语境”和四维空间。我们设计了以下的方案。

【实训案例 2–2】

黄老师英语故事讲述实训方案

一、学员分析

教师：黄老师

教龄：11 年

需要加强的训练内容：故事语音的表现张力，不同角色声音的辨识度。

二、英语故事讲述实训内容

推荐使用手机 app 英语趣配音；推荐英语磨耳朵的美文故事书《经典英文枕边书》。

三、英语故事讲述考核内容

考核跟进人：李老师

考核内容：

（1）每周在备战组微信群里定时打卡，上传 1 个讲述故事的视频，进行小组综合性考评。

（2）每周在备战组微信群里定时打卡，上传 1 段跟读故事的录音，进行小组综合性考评。

表 2-2　黄老师英语故事讲述实训评价表格

考核人：黄老师

考核跟进人：李老师

时 间	录音	录像	考评人 1	考评人 2	考评人 3	亮点	需要改进的地方

表格使用方法说明：

1. 内容（1）、（2）按照周进行。

2. 每次由 3 名教师参与考评，主要针对故事语音的表现张力、不同角色声音的辨识度评价。

3. 参评教师简明总结亮点与不足之处。

4. 考核跟进人每周检查评价情况，留底备案。

英语趣配音绝对是“干货满满”的 app。由于现代人的时间都被碎片化了，于是这种迎合碎片化时代的学习外语的 app 出现了。英语趣配音在训练英语口语方面，采取的是 1 ~ 2 分钟的短视频配音的形式，这种方式的好处就是可以让英语学习变得不再枯燥，可以让学习英语这件事情变得充满趣味。而且英语趣配音这个 app 中有很多热门的影视剧资源，这也是可以满足不少学习者的兴趣需求的。总体来说，英语趣配音不是课程，它更像是一个英语角，为学习英语的人提供了一个“学习圈子”的社交功能，在这里可以建立学习群，可以发布自己的配音作品，大家可以互相促进，共同学习。

《经典英文枕边书》是一本由中国纺织出版社出版的可以用手机扫码听故事的枕边书，教师可以在晚上临睡前关上灯，利用书里的美文和故事磨耳朵。本书将名著和英语学习相结合，吸收了传统文化的精髓。在欧美国家，故事教学被认为是最古老的语言教学手段，Sandwich Story Methodology，Multi-voice Storytelling，Mixed Language Telling 等都是比较经典的模式。这些方法虽然看似简单，但我们听众的体验和朗诵者的技巧关系非常重大。讲故事的过程中，能否通过抑扬顿挫的语音语调，生动夸张的表情和肢体语言，表现出故事的精华？能否通过声音把故事情节准确地呈现出来？同样非常重要的是，如你能在日常的学习中将书中的优美词句信手拈来，它们肯定会帮助你在英语学习中脱颖而出。

三、“锦囊”之三——“声”情并茂

对于英语教师来说，如果能“声”情并茂地展示英语故事，不仅可以获得更多学生的喜爱，同时也可以赢得赛场上评委们的青睐！实际上，讲好一个故事需要“声”“情”并茂。除了对故事完整的表达之外，肢体语言和神态的结合也是必不可少的。这样不仅可以增加故事的感染力，也能够让听众真正明白故事的内容，从而使故事更加引人入胜。

案例三：青年教师方老师，语音语调标准，性格开朗，但在讲故事时情绪不够饱满，感染力不足。如何帮助方老师在英语故事表述中充满感染力，做到“声”情并茂呢？我们有以下的建议方案。

【实训案例 2-3】

方老师英语故事讲述情绪实训方案

一、学员分析

教师：方老师

教龄：8 年

需要加强的训练内容：使用不同的情绪，借助声音的张力和肢体的感染力讲好故事。

二、英语故事讲述情绪实训内容

（1）听众准确定位。

（2）故事角色塑造。

（3）语气情感的实训。

（4）英语故事场景模拟的实训。

（5）英语故事师生互动交流的实训。

三、英语故事讲述情绪考核内容

考核跟进人：邝老师

考核内容：

（1）每周在备战组微信群里定时打卡，上传 2 个讲述故事的视频，进行小组综合性考评。

（2）每周在备战组微信群里定时打卡，上传 2 段跟读故事的录音，进行小组综合性考评。

（3）利用每周的英语科组教研时间进行讲故事模拟比赛，每位英语教师对故事讲演进行综合性的评价。

（4）每周一和周三进班面对不同年龄段的学生进行英语故事讲演。

表 2–3　方老师英语故事讲述情绪实训评价表格

考核人：方老师

考核跟进人：邝老师

时间	视频	录音	模赛	讲演	考评人 1	考评人 2	考评人 3	亮点	需要改进的地方

表格使用方法说明：

1. 内容（1）、（2）、（3）、（4）考评时间按照周进行。
2. 每次由 3 名教师参与考评，主要针对故事的情绪、声音的张力进行评价。
3. 参评教师简明总结亮点与不足之处。
4. 考核跟进人每周检查评价情况，留底备案。

在英语故事讲述情绪实训中，我们一定要注意以下三点：

第一点是听众的定位。首先我们要了解故事是讲给谁听的。我们要提前了解赛场课堂的参与者——是小学哪一个年龄段的孩子。然后我们就需要根据这个年龄段的孩子的性格特点、心理特点以及语言储备提前准备。

第二点是故事二次创作内容的定位。我们要提前分析故事的内容是什么，故事表达的内容是什么，语言的难易度是怎样的。针对以上情况，我们需要进行二次创作，以保证孩子们都能够听懂，而且在故事中获得启迪和快乐。

第三点是故事表现形式的定位。我们要明白我们是在讲故事，不是在做演讲，也不是在演独幕剧。正因为如此，我们就更应当多关注故事本身的内涵，使用合适的手法，把故事讲清楚，让听众听明白。

在故事中自然会有具体的角色，如何生动、自然、巧妙地进行故事角色的塑造，这是一个需要我们特别注意的话题。在不允许使用道具、灯光、配乐等的时候，也许我们可以借助声音音色的变化、面部表情的设计、肢体动作的配合来进行。

对于故事角色情感的投入，也是诠释好故事内容的重要元素之一。只有把故事人物的情绪调动好了，才能真正地打动台下的听众。我们在听中文经典诵读时，会听到有不少名人大家的作品。他们在广播、电视里的声音，是我们喜欢的声音，他们用自身的语言魅力打动着我们。就是因为他们“声”情并茂地讲述着故事，才会引起我们对故事的共鸣。我想，中文是这样，英语也可以是这样的。讲故事时，我们的声音不是把故事简单地念出来，而是经过一系列的准备、感受、酝酿，让自己的思想感情处于运动状态，激发喜、怒、哀、乐等情绪，再用带有这种感情的声音讲述故事。

情景再现是指故事讲演者通过语言的表现，使故事中的人物、事件、情节、场面、景物、情绪……在自己的脑海里一一呈现，形成连续的活动的画面。这种方法用语言将故事的场景一一复原，让我们感受语言的“画面感”！

当我们讲述英语故事的时候，要学会停顿。根据故事情节的走向，适时停顿与学生互动交流——通过眼神的交流或者姿态的交流，使听众身临其境，通过互动增加现场的气氛。

我们平时积累英语故事的素材，可以把它运用到课堂教学实处。这种实践性训练更能够提升教师的实操能力。例如，教师有计划地在课堂上面对学生讲述故事，这种带有情景式的展示，会让教师感受到“眼里有学生，心里有故事”。在师生交流互动过程中，一个眼神、一个表情，都能为故事的呈现添色不少。英语教师要将这种驾驭故事、讲述故事的能力进一步地提升，为学生服务，为一线教学课堂服务。

总之，英语教师在讲故事的过程中需要让自己的情绪跑动起来，用有声的语言表达最好的故事内容。讲述者用心的表达，需要得到情感的加持，由表及里、由浅入深地把作者的思想感情贯穿于整个故事中，进行二度的创作。也就是说教师要创设情景，以声带情，声情并茂，让学生沉浸在教师的故事之中，久久回味。

英语教师技能实训的过程是漫长而美丽的，我们静静等待花开的时节，我们等待着每一朵花儿都能从容地绽放。在通过一次又一次的实训后，我相信，无论是参赛教师，还是参与实训的备赛团队的教师，都会铭记实训过程中的点点滴滴，都会在今后的教学工作中不断地完善自己，使自己也成为那等待着开放的花朵，在大家的期待中美丽地绽放，一路成长，奋勇前进。让我们在小学英语教师的成长路上，共同描绘一个同心圆，通过团队成就自我，通过自我成就团队，同心协力，教学相长！

最后，我想借助一段网上流行的非常励志的话语作为共勉，赠与那些曾在竞赛舞台上，那些曾经怒放的、那些正在盛开的和那些即将成为那美丽花朵的老师们：

"Those times when you get up early and you work hard, those times when you stay up late and you work hard, those times when you don't feel like working, you're too tired; you don't want to push yourself; but you do it anyway. That is actually the dream. That is the dream."（那些你早起努力的时光，那些你熬夜奋斗的夜晚，那些无论你多累，却依然在坚持的时光，就是梦想，就是梦想的力量。）

第三章
如何撰写小学英语教学论文

撰写教学论文是我们英语教师专业成长的必经之路，但很多教师不重视教学论文的撰写。有些教师把撰写教学论文当作一种任务，存在马虎应付任务的心理，随意拼凑一篇文章上交学校就当完成任务；有些教师把论文当作工作总结，就用叙事的方式把一年当中所做的事情一一列举出来，既没有提出自己的观点，也没有理据；也有很多教师很想好好撰写一篇教学论文，但不去学习和研究如何写论文，苦于不知如何写。如此种种，导致很多教师不能写出一篇专业的教学论文。我从参加工作开始，每年都坚持写一篇论文，一开始不知如何写，后来通过不断地阅读和学习，才慢慢开始把论文写好。从 2005 年开始，我每年所撰写的教学论文在每学年度的论文评选活动中都能获得好成绩。我对论文的撰写有自己的认识。我认为撰写教学论文很重要：撰写论文既是总结工作，也是解决工作问题，既能物化自己的所做所想，还能发挥辐射作用，更能促进自己的专业发展。在撰写论文的过程中，我们需要不断地阅读，不断地学习先进的理念，不断地思考，不断地实践，不断地探索，想方设法地改进我们的教学，提高我们的教育质量和学生的学习效果。这样的过程就是促进教师专业发展的过程。撰写教学论文是我们教师专业发展的道路上不可或缺的工作，每次的职称评审都需要我们有优秀的论文，小学英语高级教师（副高）的职称评审还要求有一篇发表的论文或在区内宣读过的论文。既然撰写论文如此重要，那我们怎样才能写好一篇论文呢？根据我多年的撰写论文的经验，以下内容对教师撰写教学论文非常有帮助。

第一节　教学论文的结构

我们首先要厘清教学论文的基本结构。每一篇教学论文都包含以下五个基本内容：标题、摘要、关键词、主体和参考文献。

一、标题

标题是一篇论文的灵魂，主要用于引导读者阅读，方便读者检索，要求表达准确、简洁、新颖。标题范围要大小适中，最好能表明学科和学段。如：黄静的《小学英语教师课堂反馈语的问题与对策》（《中小学外语教学（小学篇）》，2020 年第 10 期）；杨芳的《小学英语对话教学中发展学生思维品质的实践》（《中小学外语教学（小学篇）》，2020 年第 10 期））；笔者的《提高小学低年级学生英语阅读流畅度的策略探究》等。有些标题过大，如："如何培养小学生英语阅读能力"可改成"提高小学高年级英语阅读理解能力的策略探究"；"构建学生英语评价体系，促进小学生全面发展"可改成"小学英语作业评价策略研究"。有时标题如果要表达的内容比较多，建议用主副标题，副标题对主标题起到的作用是补充、交代、解释和限制，如：将生活融入课堂，让教学轻负高效——提高小学英语教学实效的策略研究。

二、摘要及关键词

（一）摘要

摘要是论文的主要内容，很多教师往往会写成"引言"或"以偏概全"。摘要要求言简意赅，表达完整，不要乱用"本文"二字，字数 200 字左右。例如：

提高小学低年级学生英语阅读流畅度的策略探究

【摘要】本文结合笔者的多年教学经验以及本学年度提高小学低年级学生英语阅读流畅度的专题研究，探讨了提高小学低年级学生英语阅读流畅度的有效策略。本文主要包括三大方面：一、提高小学低年级学生英语阅读流畅度的意义；二、提高小学低年级学生英语阅读流畅度的有效策略；三、提高小学低年级学生英语阅读流畅度策略研究的初步效果。其中对提高小学低年级学生英语阅读流畅度的有效策略的阐述是本文的核心内容，主要归纳总结了五条有效策略，以帮助小学低年级学生提高英语阅读流畅度，从而提高他们的英语阅读能力和水平，促进他们综合运用语言能力的发展，培养他们英语学科的核心素养。

可改为：

> **提高小学低年级学生英语阅读流畅度的策略探究**
>
> 【摘要】小学低年级学生英语阅读流畅度的训练非常重要，然而当前很多学校并没有重视阅读流畅度的训练。训练学生阅读的流畅度是提高学生阅读能力的重要内容之一，提高小学低年级学生英语阅读流畅度的策略主要有：开展自然拼读法教学，提高音素朗读和拼读的准确度和速度；开展视觉词的专项训练，提高视觉词的辨认速度；利用绘本，提升学生的语调、语流和语速；利用亲子阅读，提高学生的阅读量和流畅度；善用评价，促进学生阅读流畅度的稳步发展。

（二）关键词

关键词是论文中最重要的中心词语，能准确反映论文的主题和主要内容，一般以 3 ~ 5 个为宜，最多不超过 8 个，每两个关键词之间的标点符号用分号。这几个关键词能帮助读者初步了解论文。论文《提高小学低年级学生英语阅读流畅度的策略探究》的关键词如下：

> 【关键词】小学低年级；英语阅读；流畅度；策略

三、主体

主体是论文的最重要的部分，是论文的核心，是论文的价值所在。论文的主体一般分为两部分：前言和正文。

（一）前言

教学论文的前言部分撰写时只需要在正文的前面写上一段话就可以了，可以不出现"前言"这个词语，一般不加标题，篇幅较短，主要写一写这篇论文的背景、目的和意义等。例如我 2020 年的论文《"基于教材主体内容的文本再构"在小学英语教学中的应用》就写了前言部分：

> 前言
>
> 朱浦老师强调："碎片化的教学，学生最终不能形成能力，很难形成优秀的整体性学习。老师们要进行单元整体设计，最小的设计单位是一个单元，要做到内容整合，语境带动，语用体验。老师们要基于教材主体内容进行文本再构，基于文本语言训练进行目标再构，基于主题语用表达进行过程再构。"我认为对教材主体内容进行文本再构是开展单元整体设计的首要条件。这就要求老师们要从"教教材的观念"转变成"用教材的观念"。有了"用教材"的观念，老师们才会对教材主体内容进行文本再构。

（二）正文

论文的正文部分较长，一般划分为若干小节，逐层论述。要用数字分级编码，例如："一、""（一）""1.""（1）""①"。这些分级编码可以越级，但不能颠倒使用。如：

逐层论述的分级编码	越级使用的分级编码	错误颠倒使用的分级编码
一、 （一） 1. （1） ①	一、 1. （1） ①	（一） 一、 （1） 1.

正文结束以后，一般要加一个结尾，用于总结全文的主要观点。例如：

> 结束语
>
> 教师课堂反馈语是学生语言输入的重要来源之一。教师在课堂反馈中应将多重类型的反馈语相结合，给出详细和具体的反馈，多使用积极引发性反馈语，从使用时机、情感需求、表达形式等方面不断尝试优化教师课堂反馈语，使教师课堂反馈语成为促进学生语言习得、激发学生情感和思维的有效途径。（摘自黄静的《小学英语教师课堂反馈语的问题与对策》）

四、参考文献

论文中引用的他人的观点、语言、图片、数据等都要规范地标示清楚这些内容的出处，还要在文章末尾的"参考文献"中按照规定的格式列举出来。参考文献序号用方括号标注（如［1］［2］）。各种参考文献的格式如下：

（1）引用图书文献格式为：作者．书名［文献类型标识］．出版地：出版社，出版年：引文页码．

例如：［1］龚海平．龚海平的小学英语教育主张［M］．北京：中国轻工业出版社，2015：15．

（2）引用连续出版物（期刊、报纸等）文献格式为：作者．文章名［文献类型标识］．刊物名，出版年，卷数（期数）：页码．

例如：［1］黄静．小学英语教师课堂反馈语的问题与对策［J］．中小学外语教学（小学篇），2020（10）：8-15．

（3）引用电子文献格式为：作者．文献名［文献类型标识］．引用日期．

获取和访问路径.

例如：[1] 邱春阳. 本科毕业论文的结尾怎么写 [DB / OL]. [2020-08-15]. http: //www.ccutu.com/270533.html.

每种参考文献的格式都要标明“文献类型标识”。那么“文献类型标识”是什么呢？广东教育杂志社的黄日暖老师在他的讲座《经验 精研 惊艳——谈中小学教师论文写作》中向我们展示的“文献类型标识”如下。

文献类型标识分类：

（1）文献类型标识：专著 [M]、期刊 [J]、论文集 [C]、学位论文 [D]、标准 [S]、报告 [R]、专利 [P]、报纸 [N]。

（2）电子文献类型标识：数据库 [DB]、计算机程序 [CP]、电子公告 [EB]。

（3）电子文献的载体类型及其标识：联机网上数据库 [DB/OL]。

第二节 好的教学论文的特点

什么样的论文才是一篇好的论文呢？这当然有很多评价标准。根据我多年的阅读论文的经验，我发现好论文都有以下四个特点。

一、新颖

新颖指的是论题新颖。新颖是一篇论文最重要的特点，它蕴含着创新性。像“如何在英语教学中培养学生的学习兴趣”这样的论题，无论作者把它写得多好，都无法吸引读者的眼球，因为这论题实在是太旧了，大家都耳熟能详了。

论文的论题要做到新颖，就要求作者在选题时要紧跟教育的热点，要关心教育教学的最新动态，主动学习新的教育理念，大胆把新的教育教学理念和新的方法用于自己的日常教学，要反思——发现问题，质疑——提出问题，思考——寻求解决问题的方法。我积极参与各种学习，经常反思自己的教学，及时发现问题，主动思考对策，大胆尝试新方法。2019 年的那篇论文的诞生就是一个有力的例证。

2016 年 10 月王蔷教授和陈则航教授的《中国中小学生英语分级阅读标准》的出版把英语阅读重新推到英语教学的风口浪尖，因此英语分级阅读顺理成章地成为南海区的小学英语教学热点。2016 年南海区开始大力推行英语绘本分级阅读，特别重视“持续默读和拼读”。我校很早就开展自然拼读法教学，学生拥有“见词能读”的能力。按道理说，孩子在开展绘本阅读时是如鱼得水的，但事实并非如此。在实际操作中，我们发现，部分孩子并不会把自然拼读法用于绘本阅读，能把自然拼读法用于绘本阅读的学生在阅读时并不流畅，朗读得很慢，并不能快速地把新词读出，流畅度受阻，阅读理解能力不高。我百思不得其解。2017 年 7 月，我到广东外语艺术职业学院参加广东省继续教育部门举行的中美合作小学英语培训班的学习，培训导师、美籍华人陈小捷博士给我们做了几天的关于“Teaching English to ESL（English as Second Language）”的培训。在培训中，我得到了答案：原来在我们的教学中缺乏流畅度（fluency）的系统性训练。“阅读流畅度”是在“中国小学生英语阅读素养发展目标理论框架”中进入大家的视线的，但是没有引起大家的足够重视，很少有学校把阅读流畅度作为研究的对象，它的新颖性可想而知。于是，2017 年 9 月，我带领课题组申请了区级课题“从语音拼读能力过渡到提升阅读流畅度的策略研究”。并积极加入南海区姚达文老师的国家级课题“南海区小学低年段英语阅读教学课程体系实施研究”。作为课题组的实验学校之一，我带领科组申请了子课题“小学低年级英语阅读流畅度的训练策略研究”，通过课题带动问题的解决。2018 年我选定了论文主题：提高小学低年级学生英语阅读流畅度的策略探究。通过实验研究和总结提炼，我于 2019 年完成了论文《提高小学低年级学生英语阅读流畅度的策略探究》，该论文获得镇、区、市、省一等奖。

二、精细

精细是指论题的切入口要小。论题太大，论述起来很难做到全面，很难把问题分析得透彻。论题的切入口小，论述起来就能做到全面和精细，容易把问题分析得透彻，有效解决问题。为了方便大家理解，我把几个论文题目按照从大到小的顺序排列：

（1）如何提高学生的“读”的能力。

（2）如何提高学生的阅读理解能力。

（3）如何提高小学生的英语阅读理解能力。

（4）如何提高小学高年级学生的英语阅读理解能力。

（5）如何利用绘本提高小学高年级学生的英语阅读理解能力。

三、深入

选题的切入口太大，涉及的面就广，要做到深入，难度就很大。但是，如果论题的切入口小、精细，这样就容易做到深入，即研究深入和论述深入。杨芳的论文《小学英语对话教学中发展学生思维品质的实践》框架如下：

一、积极创设情境，激活学生思维
1. 视频导入，激发兴趣
2. 听前预测，听音核对
二、充分挖掘文本，深化学生思维
1. 依托图文，把握细节
2. 优化设计，突破难点
3. 挖空操练，加深理解
4. 适时追问，挖掘深度
三、借助思维导图，发散学生思维
四、巧建语用平台，拓展学生思维

这篇论文的作者以自己执教的人教版《英语》六年级上册 Unit 5 What Does He Do? Part B 第一课时“Let’s talk”板块的教师示范课为例，层层深入地阐述如何在对话课教学中逐步培养并提升学生的思维能力。这篇论文的论题小而精，小标题呈递进式紧紧围绕着论题做深入的论述，让读者对论题有深入的认识，从而获益更多。

四、实用

实用是小学英语教学论文的价值所在。论文论述的主题和观点来自真实的教学，对读者的教学起到示范和辐射的作用，即读者读了实用性强的论文有恍然大悟和受益匪浅的感觉，能借鉴论文的观点和具体做法来完善自己的教学行为。论文的实用性要求论文的论题和实例要有真实性，即来自于真实的教学实践。只有这样，我们写出来的论文才能带给读者启发和价值，才能让读者有效仿和学习的兴趣和信心，才不会落入假、大、空的俗套当中。例如我 2012 年写的论文《有效提高小学高年级英语写作水平的课堂教学策略探究》是在我一年多的教学实践的基础上写出来的教学论文。文中我利用自己上的一节以读促写的公开课 Book 6 In the Nature Park 作为例证论述“提高小学高年级学生英语写作水平的有效课堂教学策略”很实用，很受读者的青睐，发现多次被教师们借鉴和使用到自己的课堂上。文中表达的写作课堂策略如下：

一、写作前的充分准备是提高写作水平的前提
1. 引导学生谈论作文主题
2. 帮助学生复习主题词汇
3. 组织学生学习范文结构

二、写作时的有效训练是提高写作水平的关键
1. 拟定提纲
2. 初步写作
3. 检查修改
4. 整理成篇
三、写作后的展示评价是不断提高写作水平的保障
1. 配图润色
2. 分享展示
3. 相互评价

我在论文中运用自己的教学实践作为例证，具有真实性，也是可以直接被借鉴到写作课堂的。论文《有效提高小学高年级英语写作水平的课堂教学策略探究》的片段见实训案例 3–1 所示。

【实训案例 3–1】

"Process writing is today an accepted, indeed common approach. In it, attention is focused on the processes writer go through when producing texts, and these are practised in class."（Keith Johnson，2001）引导学生有序地在课堂上开展写作训练，培养学生良好的写作习惯是提高写作水平的关键。我们都知道"Practice makes perfect."学生只有通过不断地练习和训练，才能越写越棒，提高写作水平。没有课堂上的练习，再多的准备也是徒劳。我们教师在训练学生的写作能力的同时，还要在写作训练中培养学生良好的写作习惯。教师可以用以下四个写作策略。

（一）拟定提纲

写提纲能帮助学生解决文章的框架问题，还能帮助学生扣住主题来展开写。"The technique helps learners to focus on what they want their main points to be."（White and Arndt，1991）以写"A Field Trip"这篇短文为例，本单元的写作任务是看图写事，即看图写叙述文。根据图片，引导学生先写提纲，如下所示：

1. What day is it today?
2. Who are having a field trip?
3. Where are they?
4. What is everyone doing?
5. How are they feeling?

对于优秀的学生，教师还可以引导其发挥自己的想象力，写深入些和丰富些，使提纲在原来的基础上增加一些可以让学生发挥想象的问题，如下所示：

1. What day is it today? What's the weather like today? 2. Who are having a field trip? 3. Where are they? What is the place like? 4. What is everyone doing? Where is he/she doing it? Why is he/she doing it? 5. How are they feeling?

（二）初步写作

在学生写完提纲后，让学生看着图片，根据提纲的提示，像回答问题一样，把基本要写的信息写出来，完成初步写作。优秀的学生还能在提纲的提示下，根据图片发挥自己的想象，有创意地写出这篇文章的主要内容，如下所示：

1. What day is it today? What's the weather like? 2. Who are having a field trip? 3. Where are they? What is the place like? 4. What is everyone doing? Where is he/she doing it? Why is he/she doing it? 5. How are they feeling?	1. Today is Sunday. It's a fine day. The sky is blue. The clouds are white. 2. Mike，Zhang Peng，Sarah，Chen Jie，Amy，John and Wu Yifan are having a field trip. 3. They are in a nature park now. There are many green trees and green grass everywhere in the park. 4. Look. Sarah is writing a report on the grass. She's writing a report about the experiment. Wu Yifan is collecting leaves. He likes leaves very much. Mike loves insects. He has many insects. He's counting them. Amy and Chen Jie are hungry. They are having a picnic. They have a lot of food. They are drinking and eating. They are so happy. John and Zhang Peng are playing chess. They are good at playing chess. They often play together ... 5. They are so happy.

这种回答问题的写作方式实际上是分解了写作的步骤，降低了难度，让学生觉得写作其实就像回答问题那么简单，有助于减轻他们的畏难情绪，增强他们写作的自信心。这种写作方式有助于写作的初学者养成在框架的指引下进行写作的良好写作习惯，另外还能帮助他们看清这篇文章的重点内容是什么，慢慢地养成在写作时能做到重点突出的写作能力。

（三）检查修改

检查修改是一个反复阅读、反复思考的过程。在这个过程中，学生要在心里默读自己写出来的内容，觉得不好的地方就进行修改，一直改到自己满意为止。学生在修改时，教师要给予指导，提醒学生应特别注意的方面。根据不同文章，教师可以给出不同的检查自己作文的提示单（checklist）。如“A Field Trip”这篇短文，教师让学生检查修改时，可以把以下的提示单先给学生看，让学生在检查时特别注意以下的问题。

1. 表示现在进行时的句子中行为动词有加“ing”吗？
2. 表示现在进行时的句子中有“be”动词吗？
3. “be”动词在句子中的使用正确吗？
4. 有注意名词的单复数吗？如：“an insect” or “insects”。
5. 单词有拼错吗？再检查一次。

学生自己检查修改后，还可以与同桌交换或四人小组内部交换检查修改，通过以优秀带后进的方式再一次让学生通过检查加深认识，增加写作的准确率。这样一来，无论是优秀的孩子还是后进的孩子，都能从这个活动中得益。优秀的孩子通过检查，能从别人的错误中学习，后进的孩子虽然可能发现不了优秀孩子作品中的错误，但是他们在修改优秀孩子的作文的过程中阅读了好的作文，也能学到很多自己不会的知识，也能从中受到启发，同样起到促进的作用。

（四）整理成篇

教师要引导学生把修改好的内容整理并编辑成一篇完整的书面整洁的作文。学生把这五部分的内容通过合并、连接和增加等方法有机地连接起来，变成一篇有条理的、连贯性强的作文，如下所示：

A field trip

Today is Sunday. It's a fine day. The sky is blue. The clouds are white. Mike, Zhang Peng, Sarah, Chen Jie and Wu Yifan are having a field trip in the nature park now. In the nature park, there are many green trees and green grass everywhere. It's so beautiful.

Look. Sarah is writing a report on the grass. She's writing a report about the experiment. Wu Yifan is collecting leaves. He likes leaves very much. Mike loves insects. He has many insects. He's counting them. Amy and Chen Jie are hungry. They are having a picnic. They have a lot of food, for example, milk, coke, bread, cake, fruit, and so on. They are drinking and eating. They are so happy. John and Zhang Peng are playing chess. They are good at playing chess. They often play the game together. What a wonderful trip! They are so happy to have a field trip in the nature park.

这篇短文是在学生修改所写的内容后，通过合并、连接和增加的方法整理成的一篇结构完整的（如总—分—总结构）、上下过渡自然的、有条理的作文。

从回答问题过渡到写成文章，这个过程很简单，能让学生认识到写作其实就是把相关的句子有机地连接起来，从而觉得写作文很容易，越来越有成就感，越来越喜欢写作，也就越写越好。

第三节　教学论文的选题、撰写步骤与策略

一、教学论文的选题

教学论文的选题至关重要，是影响论文的价值的重要一环。要选好题，我们一般要经过以下三个环节：

（一）善于思考，发现问题

我们要做教育的有心人，坚持学习，积极思考，敢于实践，主动反思，发现问题。问题即课题，我们可以从以下几个方面选题：教材的使用、教学方法的改革、课堂教学的反思、观课评课、教学评价、作业布置等。教师发现问题后要及时记录下来，搭建论文主题库。

（二）查阅文献，选择主题

我们要开展大量的阅读，了解当前的教学热点，初步选取最有研究价值的具有新颖性和实用性的主题；接着要登录“中国知网”搜索初选的主题，了解主题的研究状况。曾燕虹教授在 2021 年 6 月郭植梅工作室举办的公益讲座《学术论文写作格式与规范》中告诉大家：“要通过关键词在‘中国知网’或‘必应’上搜索相关的文章，看看有没有人已经做过相关或相同的研究。如果有相关的研究成果，证明你的问题值得去做，但如果有完全相同的则要

放弃。”如果“中国知网”上已经有一模一样的主题研究，就要换主题；如果没有一模一样的主题，但有相关的研究，就可以确定为自己的研究主题。

（三）仔细琢磨，确定标题

主题确定后，作者要按照标题的要求，仔细琢磨，用鲜明的文字定出准确、大小适中的鲜明的标题（即论文题目）。标题确定后，要开展自己的实践研究，在实践研究过程中收集研究资料，总结研究成果，提取论文小标题，最后写成论文。

二、撰写教学论文的步骤

如果遵循一定的写作步骤撰写论文，就会写得比较顺利。撰写论文的步骤如下：

（一）拟定标题

如何拟定标题，前文已经表述得很清楚了，这里就不做赘述。

（二）拟定提纲

拟定标题后，在开始论文撰写之前要拟定提纲。可以先拟定简单的提纲，也就是把一级小标题写出来；再拟定详细提纲，可以把二级小标题和三级小标题也写出来。这样整篇文章的布局就出来了。

（三）撰写初稿

按照拟定的详细提纲开展写作，比较好写。写作的过程中还要不断地思考，如果发现问题，还可以适当调整提纲。写论文时要力求观点创新，观点和材料要一致，行文要简洁精练，表达要准确完整。

（四）修改定稿

任何论文都不是一气呵成的，而是要经过再三修改的。修改时，我们可以再次梳理文章结构，如果发现结构不合理，要马上调整；要再三斟酌观点，观点的表达尽量对仗；要根据文章论述的需要增加或删减一些材料，检查有没有错别字，力求表达准确；要最后润色语言，尽量让文章的语言有趣味性，引人入胜。

三、撰写教学论文的策略

在多年的论文写作过程中，我们总结了一些撰写论文的策略，运用这些写作策略能帮助教师把论文写好。

（一）逻辑清晰

文章的逻辑要清晰，也就是说要清晰展现文章是以什么样的逻辑方式推进的。《教育理论与实践》杂志的王爱玲副主编在她的讲座《中小学教育科研论文的专业表达》中向我们展示了三种论文提纲呈现的方式：并列式、递进式和综合式。论文的提纲就是论文的小标题，论文提纲的呈现方式就是论文论述与呈现的方式。作者在写论文时必须清楚自己写作的逻辑（即论文的呈现方式），这样写出来的文章才有条理。

1．并列式的示例

例如：

《在阅读教学中利用文本留白培养学生的思维品质》［吴金潇，《中小学外语教学（小学篇）》2021 年第 2 期］

第一部分：妙用文本插图留白，培养联想和发散思维

第二部分：巧用文本任务留白，培养评价与思辨思维

第三部分：善用文本情节留白，培养分析与推理思维

第四部分：活用文本结尾留白，培养探究和创新思维

2．递进式的示例

我在写论文时比较多使用递进式。我先写“为什么”，再写“是什么”，接着写“怎么样做”，最后写“效果如何”。例如：

《基于 PEP 教材的小学英语对话教学的高效课堂模式探究》

第一部分：小学英语对话教学高效课堂模式的研究意义

第二部分：小学英语对话教学高效课堂模式的研究过程

第三部分：小学英语对话教学高效课堂模式的教学步骤

第四部分：小学英语对话教学高效课堂模式的研究效果

3．综合式的示例

有些作者在写论文时把并列式和递进式一起使用，一级标题用递进式，二级标题用并列式，这样的标题我们把它叫作综合式。

例如：

《例谈阅读教学中开放性问题的设计》［罗益维，《中小学外语教学（小学篇）》2020 年第 7 期］

第一部分：读前设问——预测文本，激活思维

1. 解释标题时设问，激活知识储备
2. 观察插图时设问，激发思维乐趣
3. 添加背景时设问，理顺理解语篇

第二部分：读中深问——深挖文本，促进思维

1. 操练核心句型时深问，促进真实表达
2. 补白文本时深问，引发深度思考

3. 突破难点时深问，感悟文本深意

第三部分：读后追问——延伸文本，拓宽思维

1. 拓展语篇时追问，培养解决问题的能力

2. 转述内容时追问，升华教育主题

3. 训练仿写时追问，创新文本内容

（二）层次分明

文章的结构要层次分明。如果论文的结构单一，即只有一级标题，这些论文在论文评审过程中都不会得到青睐，更不会获得好成绩。优秀论文的文章结构一般要有两级或两级以上标题。如罗益维的《例谈阅读教学中开放性问题的设计》的文章结构就层次分明，用了两级标题，而且结构很均衡：一级标题三个，每个一级标题下面的二级标题都是三个。

有很多论文的小标题有两级以上，这样的论文同样要求层次分明、结构均衡，如《小学英语整本书阅读的教学实践》[杭玉洁，《中小学外语教学（小学篇）》，2021 年第 2 期]的文章结构就给大家做了很好的示范（见图 3–1）。

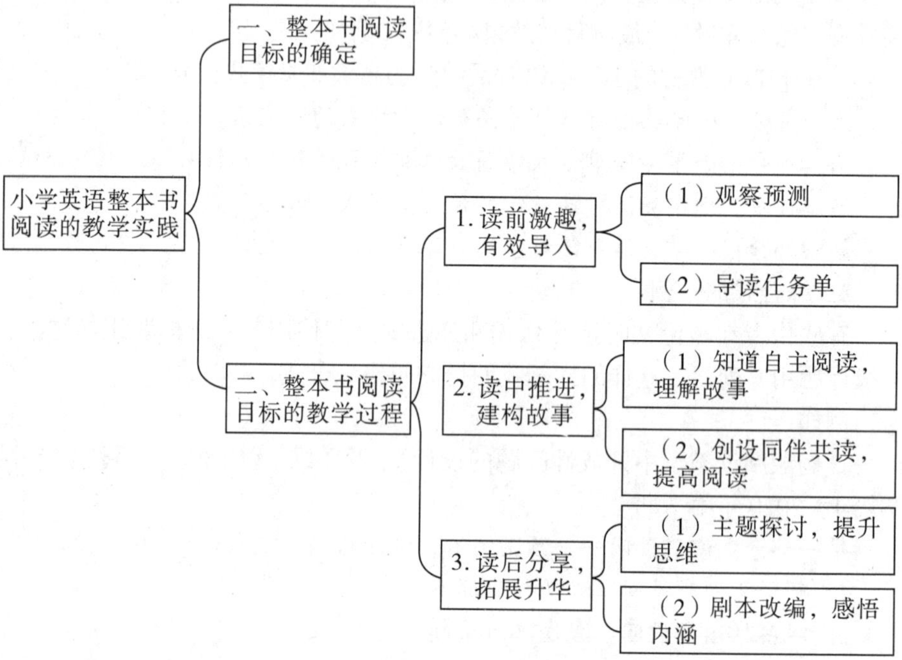

图 3–1 《小学英语整本书阅读的教学实践》文章结构

（三）标题精简

文章的大标题要精炼，小标题也要简洁，最好对仗，字数相同。例如我

2017年撰写的论文《基于PEP教材的小学英语对话教学的高效课堂模式探究》的一级标题“三、小学英语对话教学高效课堂模式的教学步骤”下的二级标题：

（一）真实交流，激活思维

（二）整体理解，发展思维

（三）探究文本，拓展思维

（四）完成任务，提高能力

（五）重构文本，迁移创新

（六）归纳方法，升华学习

我采用四字词的表达方法，每个标题用两个四字词表达，尽量让标题精简，朗朗上口，容易让读者记得住。这需要多次修改，反复琢磨，不断提炼。一开始我写的每一个标题都是一句话，如第一个标题，我是这样表达的：在真实的师生话语交流中激活学生的前备知识，引领学生走近文本。后来经过再三修改才把它改成：真实交流，激活思维。每一个标题都经过我的仔细琢磨，才变成最后定稿的版本。最后的版本还存在不足，如个别四字词的结构不一样，因此我还需继续琢磨，所以说写作永远在路上。

（四）理据结合

论文除了有简洁鲜明的大标题与小标题以外，它的论述过程也要有理有据才更具有说服力。我写论文很注重理论的学习，在写之前一定会阅读相关的书籍和著作，在写的时候引用理论作为我论点的支撑，还充分利用自己在教育教学中的课例和实践研究资料作为例证。在论文《基于PEP教材的小学英语对话教学的高效课堂模式探究》中，我处处注意做到理据结合，具体的论文片段见实训案例3-2。

【实训案例3-2】

在真实的师生话语交流中巧妙引出部分新词，并适时处理新词的读音和意义，分散教学难点，降低学生学习难度。在对话教学中什么时候处理对话中的新词是老师们的一大困惑：是全部在呈现对话文本前组织学生学习新单词呢？还是在教文本的过程中出现一个教一个？还是呈现文本后再一齐处理全部新词呢？本人认为总的原则是不要扎堆处理新词，要分散处理单词，降低学习难度。朱浦在英语课堂教学备课的实施要点中提出要“突出重点，分散难点”。（朱浦. 教学专题透析［M］. 上海：上海教育出版社，2008：6.）对于一些新词较多的对话，我们可以先处理一些会影响学生对对话的理解的新词，对于那些不会影响学生理解对话的词我们可以让学生在学习对话文本的过程中通过上下文来理解新词的意义。在四年级上册 Unit 2 Part B Let's talk 的对话中，新词语是：excuse me，lost，toy，notebook，so much。这五个新词语对于四年级的学生来说算是合理难度。学生可以通过插图、情景、上下文、动作和说话的语气来猜测并理解新词语 excuse me，lost 和 so much 的词义，而新词 toy 和 notebook 是需要图片和实物来理解的，但是课文的插图和软件中的视频均不能提供帮助，所以在这五个新词语中，我在呈现对话文本前，在师生的话语交流中巧妙处理新词语 toy 和 notebook。

教学论文的写作过程不只是写一篇文章的过程，还是一个研究的过程和专业提升的过程。教师要做教育教学的有心人，经常反思自己的教育教学行为，积极学习先进的教育教学理论，善于发现问题，乐于分析问题，主动寻求解决问题的方法，大胆创新实践，积累教学素材，善于总结和提取观点，按照写论文的规范要求多写论文，坚持写论文，定能写出好论文。

第四章
微课制作与运用技能实训

在信息爆炸时代背景下，学习方式的变革已轰轰烈烈地展开。翻转课堂、移动学习等新型学习方式各展其长，国内外对微课的研究也日趋成熟。目前，微课在各学科中的应用非常广泛。作为小学英语老师，制作与运用微课，已然成为新的必备技能。本章将在简单介绍微课的定义和微课的分类后，从设计、制作、运用这一微课的开发流程逐一介绍，希望能对读者掌握微课技能起到一定作用。

第一节　微课的定义与分类

一、微课的定义

尽管微课一词从字面上看似乎不难理解，但学界对微课这一概念的定义却莫衷一是。“微课”（micro-lecture）概念最早由美国新墨西哥州圣胡安学院高级教学设计师、学院在线服务经理戴维·彭罗斯于2008年提出。2011年，胡铁生在《“微课”：区域教育信息资源发展的新趋势》这篇论文中率先在国内提出“微课”的概念，他将“微课”定义为：以视频为主要载体，记录教师在教育教学过程中围绕某个知识点而开展的教与学活动全过程。而另一种看法从学习者的角度出发，认为微课是以阐述某一知识点为目标，以微视频为载体，以学习者的自主学习为中心的数字化学习资源。目前，“百度百科”对微课的定义是：运用信息技术手段，按照认知规律，呈现碎片化学习内容、过程及扩展素材的结构化数字资源。

从现今微课的应用场景看，笔者更倾向于将微课视为一种数字化学习资源。这种数字化学习资源有着播放时长短、内容少而精的特点。它可以应用在学生课前课后自学的场景中，也可以作用于课堂教学中。

二、微课的分类

目前国内对微课的分类主要是按教学方法分为讲授类、问答类、启发类、讨论类、演示类、练习类、实验类、表演类、自主学习类、合作学习类、探究学习类等11类。但综合小学英语教学的特点，笔者认为，小学英语微课还可以从制作方式、应用场景、语言技能三个维度进行分类。

（一）按制作方式分类

按制作方式进行分类，微课可以分为拍摄型微课、录屏型微课、软件制作型微课、混合型微课。

1. 拍摄型微课

拍摄型微课是技术门槛最低的一种微课。它主要使用摄录工具如摄像机或手机进行拍摄，后期再通过简单的剪辑制作成微视频。在小学英语教与学中，情景对话、小组活动示范、作品展示等内容比较适合制作成拍摄型微课。

2. 录屏型微课

录屏型微课是应用最广的一种微课。它主要由录屏软件为电脑屏幕上的动态过程加上讲解声音录制而成。最简单的一种录屏型微课是将 PowerPoint 软件制作的课件在电脑上边播放边加上讲解录制而成。PowerPoint 2010 以上的版本自带录屏功能，操作非常便捷，对习惯用 PPT 制作课件的教师来说非常方便。除了 PowerPoint 软件外，常用的录屏软件还有 Camtasia Studio 等，这将在“微课的制作”一节详细介绍。录屏型微课常见于知识点讲解、绘本导读、背景介绍、文化渗透等内容学习。

3. 软件制作型微课

软件制作型微课是制作方式最灵活的一种微课。制作者可以根据自己的技术水平以及偏好选择软件制作微课。这种微课有机会实现微课与学习者之间的互动。例如 Flash 制作而成的微课可以通过交互设计与学习者进行直接互动。不仅是电脑终端的软件（如 Flash、Premiere 等），现今随着智能手机的发展，手机上也有许多可以进行视频制作的 app（如 VUE、美图秀秀等）。这类 app 的操作较之电脑终端软件更容易，大大降低了软件制作型微课的开发门槛，非技术专业的英语教师也能轻松掌握。软件制作型微课一般用于制作背景介绍、作品展示等内容。

4. 混合型微课

混合型微课，顾名思义，指运用了一种以上技术手段制作而成的微课。较之前三种，它的内容呈现更为丰富生动，所需要花费的时间精力也更多。

如拍摄混合型微课，可通过录屏介绍用于情景交际的重点句型，再通过拍摄呈现真实的情景对话。

（二）按应用场景分类

按应用场景进行分类，微课可分为预习型微课、复习型微课、导入型微课、呈现型微课、拓展型微课。

1. 预习型微课

预习型微课主要应用在学生课前预习中，通过微课将预习内容、预习步骤、预习素材集中呈现，有助于学生高效高质地完成预习。预习型微课既能保障课前预习的有效性，提高课堂效率，又能循序渐进地提高学生的自主学习能力。

2. 复习型微课

复习型微课主要应用于学生课后复习中，与预习型微课类似，通过微课将复习内容、复习步骤、复习素材集中呈现，引导学生对所学内容进行复现、梳理，进一步形成知识网络。复习型微课不一定在每一节新课后都使用，可以在某一主题、某一阶段或某一学习单元后应用，在提高学生归纳总结能力的同时，巩固所学知识。

3. 导入型微课

导入型微课应用于课堂学习中，在新课导入时使用。导入型微课的作用是创设情境。相比语言或单一图片，导入型微课的信息量更大，且更生动，能快速将学生带入学习情境，使学生更容易进入沉浸式学习。

4. 呈现型微课

呈现型微课一般应用于课堂学习中，不过由于呈现型微课是对主要知识点的集中呈现，因此也适用于学生的自主学习。在英语语言学习中，呈现型微课的主要内容是基于语言知识、蕴含文化内涵的语篇呈现，语篇形式丰富多样，可以是对话、叙述性文本、描述性文本、说明性文本、诗歌、故事等。

5. 拓展型微课

拓展型微课既可应用于课中，也可应用于课后，是对课堂学习的一个补充。拓展型微课充分体现学生的个性化学习。在同一主题下，学生可根据自己的能力、兴趣选择不同的拓展型微课进行提升。

（三）按语言技能分类

按语言技能进行分类，微课可分为口语型微课、听力型微课、阅读型微课、写作型微课。在林美芳老师编著的《发展小学生视觉素养的英语微课设计》中，对这四种类型的微课都有详细论述。

1. 口语型微课

口语型微课关注学生口语技能的培养。通过这类型微课的学习，学生能理解目标语言的运用情境，练习重点句型的表达，在情境中运用语言，从而切实提高口语表达能力。

2. 听力型微课

听力型微课关注学生听力技能的培养。听力型微课运用多媒体技术，通过语篇听力让学生感受纯正发音，通过听力活动培养学生获取信息的能力，通过总结提炼听力策略，培养学生综合语言能力中听的能力。

3. 阅读型微课

阅读型微课关注学生阅读能力的培养。阅读型微课是指以提高学生阅读能力为目的开发的融合阅读语篇、语篇背景、阅读理解活动、阅读策略指导的微视频学习资源。

4. 写作型微课

写作型微课关注学生写作能力的培养。写作型微课一般通过引导学生经历分析语篇框架、搭建写作框架、收集写作素材、评价作品等过程提高学生写作能力。

需要注意的是，听、说、读、写这四种技能从来不是单独剥离开来培养的。这四种类型的微课只是对某一技能进行侧重培养，在学习过程中，其他技能其实也在同步发展。

第二节　微课的设计

在微课的开发过程中，微课的设计是重中之重，好的设计是制作一个优质微课的前提。在进行微课设计的时候，应按照一定的流程，遵循相关的原则。

一、微课设计流程

如同日常教学备课，微课的设计也有较为科学的流程。开发者进行设计的过程其实也是在向自己提问的过程。一般来说，要思考以下几个问题：为什么要制作这个微课？这是为谁制作的微课？学习者学习微课后达成的目标是什么？如何呈现微课内容可以较好达成目标？基于这四个问题，开发者逐步完成分析—确定—选择—设计这一流程。当然，这四个步骤（见图 4–1）并不是泾渭分明的，我们基于前一个步骤进行后一个步骤的实施，但也有可能因为后一个步骤对前一个步骤进行细微调整。

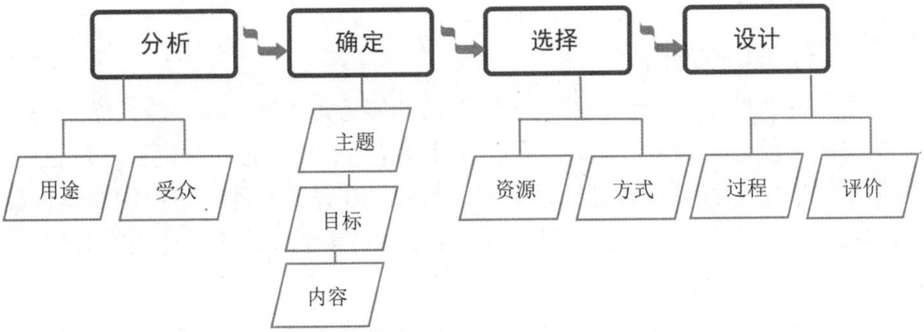

图 4–1　微课设计流程图

（一）分析

在设计微课时，首先要做分析。开发者首先要清楚自己为什么要制作这个微课，即微课的用途是什么。是用于微课程资源的建设，还是面向特定受众作为课堂教学的支撑？如果是后者，还需考虑是用于课前预习、课堂学习、课后复习，还是拓展资源？在分析完微课用途后，再对受众也即学习者特征进行分析。学习者的年龄特征、知识结构、生活经验都会影响后续步骤的设计。这与我们日常英语课设计时的学情分析一致，在此不做赘述。

（二）确定

在做完用途和受众分析后，下一个步骤就是确定主题、目标和内容。目标服务于主题，内容根据目标确定。微课的设计同样要在《义务教育英语课程标准（2022 年版）》的指导下，紧跟目前教育改革方向，根据主题语境，从英语学习活动观的层次思考目标，再根据目标确定学习内容。

（三）选择

经过近年在线教育的蓬勃发展，网络上累积了海量的学习资源。微课的设计不一定是从无到有的过程，教师也可以选择合适的资源，例如绘本、视频、图片、音频等，为己所用。除此以外，还需要选择内容呈现的方式，比如，是用拍摄的方式，还是录屏或者软件制作等。

（四）设计

在前面三个步骤准备完毕后，开发者就要进行具体过程的设计。需要注意的是，在设计流程的时候，我们要时刻记得从学习者的视角出发，最后一定要提供评价活动，使整个学习过程形成闭环。

二、微课设计原则

（一）适切性原则

不同年级的学生，认知特点不同，认知能力也不同。高年级的学生处于抽象思维阶段，归纳总结能力较强，设计微课时就可考虑让学生梳理知识点。但低年级的学生就不具备这样的能力，因此，在设计微课时应提供具体直观的学习活动。总之，设计微课时要考虑学生的认知能力，安排适当的活动。

（二）激发性原则

微课不仅仅是对知识的传递，优质的微课能激发学生对学习的兴趣、对未知的求知欲。而为了保持学生的兴趣和求知欲，教师可以运用以下几种方式。

（1）避开教材文本。过多地接触教材文本，会使文本内容失去神秘感。因此，教师可以设计其他接近学生生活的情境呈现内容，使他们在保持对教材文本新鲜感的前提下进行学习。

（2）留下问题，设置悬念。在微课中提出问题，或者留下一个小尾巴，让学生求而不得知，就能最大限度地激发他们对课堂的渴望，能让他们更积极地投入到课堂学习中。

（3）找到学生兴趣点，补充内容。受限于《义务教育英语课程标准（2011 年版）》，教材里有些内容并不大能引起学生的兴趣和表达的欲望。因此，找到学生的兴趣点，补充相同主题的其他内容，就能更好地激发学生的积极性。例如“Jobs”这一课，课本里出现的 pilot、fisherman 等职业不大接地气，若在微课中把有可能出现在学生生活圈的职业补充进去，学生对整个主题的学习积极性会有所提升，也会更愿意用所学知识进行表达。

（三）输出性原则

语言运用是英语教学的一个最终出口。课堂上学生能运用语言的时间和空间终究有限，因此，在微课设计中应注意设计活动引导学生运用语言。当然，由于微课是学生自主学习的资源，这里的语用也要注意难度和可操作性。

（四）吸引性原则

现在流行的短视频，吸引了众多用户。好的微课，也应该做到抓住学生眼球，让人有一看再看的冲动。要达到如此效果，首先要做到包装精美——页面美观、动画流畅、配音优美。其次要做到内容引人入胜——或是找到学生的兴趣点，或是幽默风趣。最后要注意短小精悍，以 4 ~ 6 分钟为宜；时间过长，学生容易产生厌倦感。总之，要从学生的角度出发，制作吸引学生的微课。

三、微课设计实例

微课设计实例见实训案例 4–1。

【实训案例 4–1】

表 4–1　微课设计实例

<table>
<tr><td colspan="7">教学基本信息</td></tr>
<tr><td>课题</td><td colspan="6">Colours</td></tr>
<tr><td colspan="2">教学内容</td><td colspan="5">red、yellow、blue、green、orange、purple</td></tr>
<tr><td>学科</td><td>英语</td><td>学段</td><td>小学中年段</td><td>年级</td><td colspan="2">三年级</td></tr>
<tr><td>相关领域</td><td colspan="6">英语、美术</td></tr>
<tr><td>教材</td><td colspan="6">书名：PEP 小学《英语》三年级上册　　出版社：人民教育出版社
出版日期：2011 年 5 月</td></tr>
<tr><td colspan="7">教学设计参与人员</td></tr>
<tr><td></td><td>姓名</td><td colspan="5">单位</td></tr>
<tr><td>设计、实施者</td><td>吴少芹</td><td colspan="5">佛山市南海区桂城街道石肯小学</td></tr>
<tr><td>指导者</td><td>姚达文</td><td colspan="5">佛山市南海区教育发展研究中心</td></tr>
<tr><td>课件制作者</td><td>林丹燕</td><td colspan="5">佛山市南海区桂城街道石肯小学</td></tr>
<tr><td>其他参与者</td><td>陈冰华</td><td colspan="5">佛山市南海区桂城街道石肯小学</td></tr>
<tr><td>其他参与者</td><td>郑清凤</td><td colspan="5">佛山市南海区桂城街道石肯小学</td></tr>
<tr><td colspan="7">指导思想与理论依据</td></tr>
<tr><td colspan="7">本课以《义务教育英语课程标准（2011 年版）》的基本理念为指导，注重素质教育，让学生在学习语言的过程中发展思维能力；面向全体学生，体现以学生为主体的思想，尝试通过微课帮助学生进行个性化学习；同时，本课依据跨学科教学理念，在 Colours 这一教学内容基础上挖掘出三原色原理，通过可视化资源和可视化思维工具、实验操作等多种方式，以信息技术融入学科教学为手段达成教学目标</td></tr>
<tr><td colspan="7">教学背景分析</td></tr>
<tr><td colspan="7">教学内容：red、yellow、blue、green、orange、purple
教学方式：演示法、实验法、探究法
学生情况：学生在一年级的时候学过 Colours 这个话题，能听说 red、yellow、blue、green、orange、purple 等词，但不能认读单词，也不知道三原色红、黄、蓝相加能变成其他颜色这个规律。
教学手段：多媒体网络技术
技术准备：电脑</td></tr>
</table>

表 4-2　微课 1：The Magic Colours 教学设计（适用于课前）

<table>
<tr><td colspan="4" align="center">教学目标</td></tr>
<tr><td colspan="4">1. 通过变色龙的视频复习 red、yellow、blue、green、orange、purple 等词的发音和意义。
2. 通过颜色实验探索三原色原理</td></tr>
<tr><td colspan="4" align="center">教学过程</td></tr>
<tr><td colspan="4">1. 自我介绍、引入。
T：Hello，Welcome to Zoe's English class. Today we are going to learn something about colours. First，let's go and meet our friend Kami. Look，this is Kami. What colour is it? Is it green? Let's watch the video.
2. 观看变色龙视频。
视频旁白：Hello. I'm Kami. I'm green now. Oh，I'm purple. And then I'm green again. Now，I'm red. I'm black. I'm a colourful chameleon.
3. 小结。
T：What colour is Kami? Kami is purple. Kami is green. Kami is red. Also，Kami can be yellow. Kami can be orange. Kami can be blue.
4. 提出问题：What colour is blue and red?
T：Kami is so magical. Colours are magical too. Look，I have 3 bottles of water. What colour is blue and red? Let's watch the video.
5. 观看教师实验示范。
T：So，you know blue and red is purple. What about blue and yellow? Yellow and red?
6. 动手做实验。
T：You can do the experiment. First，you should prepare 3 colours of paint. They are yellow，blue and red. Then，you have 3 bottles of water. Get yellow water，blue water and red water with paint. Now，you can do the experiment by yourself. After that，please paint it on your worksheet.
7. 总结。
T：In this lesson，we know something about colours. Do you enjoy it?</td></tr>
<tr><td colspan="4" align="center">学习效果评价设计</td></tr>
<tr><td colspan="4">评价方式：
由于本课是学生利用移动终端实现的自主学习，评价方式以学生自我评价为主，结合教师提供的测试题进行学习效果的评价</td></tr>
<tr><td colspan="4" align="center">评价量规</td></tr>
<tr><td align="center">P
（Plus）
学习收获
（我已经学懂了的知识）</td><td align="center">M
（Minus）
不足之处
（我还没有学懂的地方）</td><td align="center">I
（Interest）
我还感兴趣的内容
（我还想学的知识）</td><td align="center">Q
（Question）
我感到疑惑的问题
（我还想弄清楚的问题）</td></tr>
<tr><td>①________（　）
②________（　）</td><td>①________（　）
②________（　）</td><td></td><td></td></tr>
</table>

续上表

选择微课制作应用的微技能（√），并写出其技术工具的具体名称	
1. 运用可视化工具的微技能（√）	工具名称 韦恩图、PMIQ 表
2. 使用网络协作工具的微技能（　）	工具名称
3. 使用研究工具的微技能（　）	工具名称
4. 编辑视频工具的微技能（√）	工具名称 狸窝全能视频转换器
5. 编辑音频工具的微技能（√）	工具名称 Cool Edit
6. 使用图片编辑工具的微技能（√）	工具名称 美图秀秀
7. 掌握绘图工具的微技能（　）	工具名称
8. 掌握写作工具的微技能（　）	工具名称
9. 编辑音乐作品的微技能（　）	工具名称
10. 应用思维导图的微技能（　）	工具名称
11. 资源格式转换的微技能（√）	工具名称 狸窝全能视频转换器
12. 测验与调查的微技能（√）	工具名称 PMIQ 表

表 4–3　微课 2：Minion's Trip 教学设计（适用于课中）

教学目标（内容框架）
通过小黄人寻找名牌之旅的故事，引导学生根据读音规则推测单词 red、yellow、blue、green、orange、purple 的词形
教学过程（文字描述）

1. 自我介绍、引入。

T: Hello. Welcome to Zoe's English class. Today we are going to know more about colours. Do you know these colours?　They are red, yellow, blue, green, orange and purple.

2. 观看视频：小黄人寻找名牌之旅。

T: Today, we have a funny friend. It's yellow. It likes bananas. You can listen to its voice. Do you know who it is? Yes. It's minion. Minion is yellow. He wants to find his name card. Which one is his name card? Let's watch.

视频文本：Hello. I'm yellow. Yellow, yellow, where are you? Are you yellow? I'm yellow. Ye-llow. You are yes-da-da. No no no. Goodbye. Yellow, yellow, where are you? Are you yellow? No no no, I'm yellow. /j/ /j/ y. But you begin with p, p p /p/ /p/, you are pillow. Go away, pillow. Yellow, yellow, where are you? Are you yellow? Ye-/ye/llow, yellow. Yes, you are yellow!　Ye-llow.

3. 小结规律。

用形象化的形式呈现：（1）根据音节；（2）根据首音或尾音。

4. 提出任务。

Help the other minions find their name cards.

（1）Model: red.

（2）Group work.

5. 总结。

6. 小组评价。

续上表

学习效果评价设计		
评价方式： 本课是以观看 PPT 并在教师的指引下进行的自主学习和小组合作学习，评价方式以学生小组评价为主，结合教师提供的测试题进行学习效果的评价		
评价量规		
小组成员	评价内容	学习反馈
全体	通过微课学习，能够根据英语的发音找到名牌，并能自己发现和总结规律	☆☆☆
领航员	能够在小组活动中，合理分配任务和组织活动	☆☆☆
资料员	能够及时分发学习资料，有条理地整理资料	☆☆☆
纪律员	能够在活动中维持纪律，确保任务的顺利进行	☆☆☆
检察员	能够仔细检查活动成果，查漏补缺	☆☆☆
选择微课制作应用的微技能（√），并写出其技术工具的具体名称		
1. 运用可视化工具的微技能（ ） 工具名称____ 2. 使用网络协作工具的微技能（ ） 工具名称____ 3. 使用研究工具的微技能（ ） 工具名称____ 4. 编辑视频工具的微技能（√） 工具名称 会声会影 5. 编辑音频工具的微技能（√） 工具名称 Cool Edit 6. 使用图片编辑工具的微技能（√） 工具名称 Photoshop，美图秀秀 7. 掌握绘图工具的微技能（ ） 工具名称____ 8. 掌握写作工具的微技能（ ） 工具名称____ 9. 编辑音乐作品的微技能（ ） 工具名称____ 10. 应用思维导图的微技能（ ） 工具名称____ 11. 资源格式转换的微技能（ ） 工具名称____ 12. 测验与调查的微技能（√） 工具名称 课后学习评价表		

表 4-4 微课 3：The Black King 教学设计（适用于课后）

教学目标（内容框架）
1. 通过阅读故事“The Black King”巩固已学过的颜色单词，并拓展 3 个新单词：black、brown、grey。 2. 培养学生对英语阅读的兴趣

续上表

教学过程（文字描述）
1. 引入。 T：Hello，Welcome to Zoe's English class. We learned colours in Unit 3. Today we are going to learn：Lesson 3 The Black King. 2. 复习：为调色盘上色。 T：First，colour them by yourself. Can you read these colour words？ Read it and colour them on your worksheet. 3. 阅读故事前提出问题。 （1）How many colours can you see? （2）What are they? T：Then let's enjoy the story. The name is：The Black King. When you are watching the story，please pay attention：how many colours can you see？ What are they? 4. 观看故事：The Black King。 5. 回答问题。 （1）How many colours can you see? （2）What are they? （3）Which one do you like? T：Which one do you like？ You can colour it in a heart. 6. 朗读故事。 T：Do you like this story？ Now，read out the story. 7. 总结。 T：Today，we read a funny story：The Black King. And we know more colours：black，brown，grey. 8. 自我评价。 T：Do you enjoy this lesson？ Please finish this form. So much for this lesson. Goodbye.
学习效果评价设计
评价方式： 本课是以观看微课视频进行课后知识的巩固和拓展，评价方式以学生自我评价为主，结合教师提供的测试题进行学习效果的评价

评价量规	
评价内容	学习反馈
1. 通过微课学习对知识点有更进一步的理解	☆☆☆
2. 能流利、有感情地朗读这个故事	☆☆☆
3. 在微课的学习过程中感到快乐	☆☆☆
4. 对自主学习有兴趣，积极参加学习活动	☆☆☆

续上表

选择微课制作应用的微技能（√），并写出其技术工具的具体名称	
1. 运用可视化工具的微技能（ ）	工具名称
2. 使用网络协作工具的微技能（ ）	工具名称
3. 使用研究工具的微技能（ ）	工具名称
4. 编辑视频工具的微技能（√）	工具名称 狸窝全能视频转换器
5. 编辑音频工具的微技能（√）	工具名称 Cool Edit
6. 使用图片编辑工具的微技能（√）	工具名称 Prezi
7. 掌握绘图工具的微技能（ ）	工具名称
8. 掌握写作工具的微技能（ ）	工具名称
9. 编辑音乐作品的微技能（ ）	工具名称
10. 应用思维导图的微技能（ ）	工具名称
11. 资源格式转换的微技能（√）	工具名称 狸窝全能视频转换器
12. 测验与调查的微技能（√）	工具名称 课后学习评价表

第三节　微课的制作

一、认识微课制作工具

目前可供选择的微课制作工具很多，而且越来越多的工具操作起来并不难，基本上一线英语老师也可以自行通过网络教程或实践摸索掌握。笔者仅用列表的方式简单介绍常用的制作工具，读者可根据描述自行选择（见表 4–5）。

表 4–5　微课制作工具一览表

类别	名称	特点
录屏工具	Camtasia Studio	功能强大，能在任何颜色模式下轻松地记录屏幕动作，包括影像、音效、鼠标移动轨迹、解说声音等
	EV 录屏	界面简单，容易上手，能满足基本录屏需求
视频编辑工具	会声会影	会声会影是一款强大的视频剪辑软件，具有多种视频编辑功能和制作动画效果。有一定技术门槛，需要购买专业版
	爱剪辑	有模板支持导入图片一键生成视频，也支持给视频加字幕、调色、加相框等剪辑功能
	VUE	免费的手机 app，操作简单

续上表

类别	名称	特点
音频编辑工具	Cool Edit	功能强大的多轨录音软件，非常出色的数字音乐编辑器和 MP3 制作软件。可视化的音轨使对音频的剪切、复制、粘贴非常容易操作
	Adobe Audition	比较专业，可提供先进的音频混合、编辑、控制和效果处理功能
演示文稿软件	PowerPoint 2010	受众广，支持录屏
	Prezi	主要通过缩放动作和快捷动作使想法更加生动有趣。与 PowerPoint 的单线条时序对比，更有视觉冲击力
其他	iBooks Author	苹果产品自带的电子书制作工具，画面精美，比较容易实现互动，缺点是仅支持苹果系统
	录课笔	专门制作微课的工具，自带录课软件，能轻松对书写界面进行录屏

二、微课制作实例

微课制作实例见以下实训案例。

【实训案例4-2】

PEP《英语》四年级上册 Unit 6　Meet my family!

1. 作品介绍。

本案例选择的是人教版小学《英语》四年级上册第六单元的内容，话题是家庭成员。对于四年级学生而言，中文语境下对家庭成员的理解比较熟悉，但英文语境下对于 uncle、aunt 和 cousin 的理解由于文化差异较易产生误解。本作品通过各种家庭照片，首先帮助学生建立“family”的概念；再通过李明一家的照片，利用简单的动画演示，帮助学生理解英语语境下各家庭成员的英文表达。

2. 制作工具。

Camtasia Studio 4.0 录屏软件 +PowerPoint 2003。

3. 制作方法。

（1）新建 PowerPoint 文档，选择“插入”→“图片”→“来自文件”命令打开文件夹面板，将选好的背景图插入空白页面，插入文本框、艺术字等，并设置好自定义动画。如图 4–2 和图 4–3 所示。

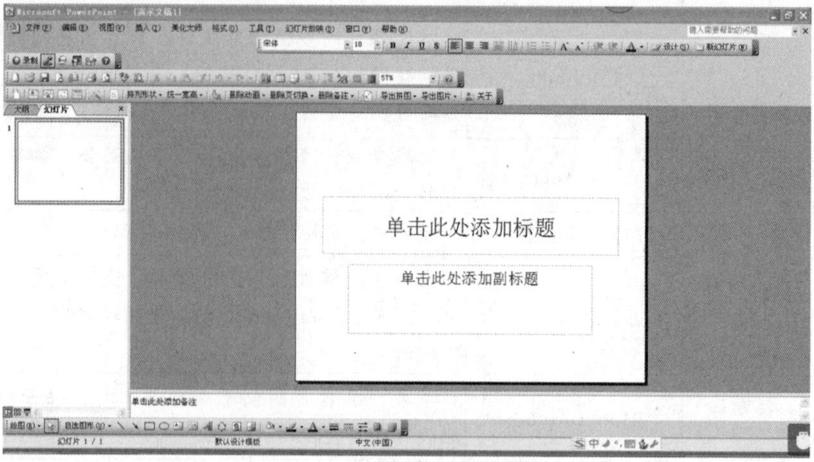

图 4–2　新建 PowerPoint 文档

图 4–3　制作封面页

（2）选择“插入”→“新幻灯片”，如图 4–4 所示，根据设计需要的幻灯片数量插入 22 个空白幻灯片。

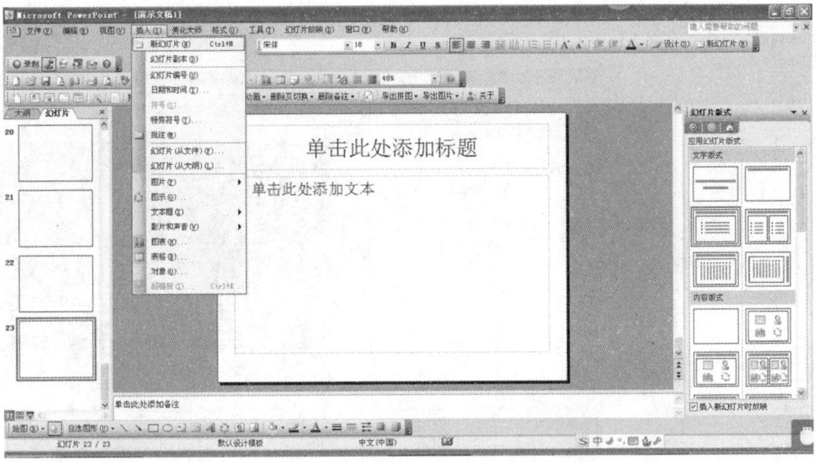

图 4–4　插入新幻灯片

（3）根据微课设计逐步制作好幻灯片，如图 4–5 所示，选择“文件”→“另存为”。

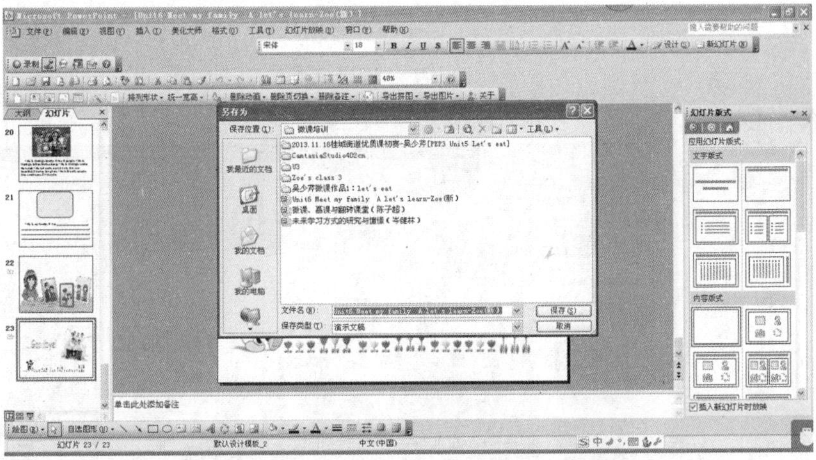

图 4–5　保存制作好的 PowerPoint 文档

（4）打开 Camtasia Studio 4.0，如图 4–6 所示，点击左上角的“录制 PowerPoint”，界面将会转到刚刚制作完成的 PowerPoint 文档。

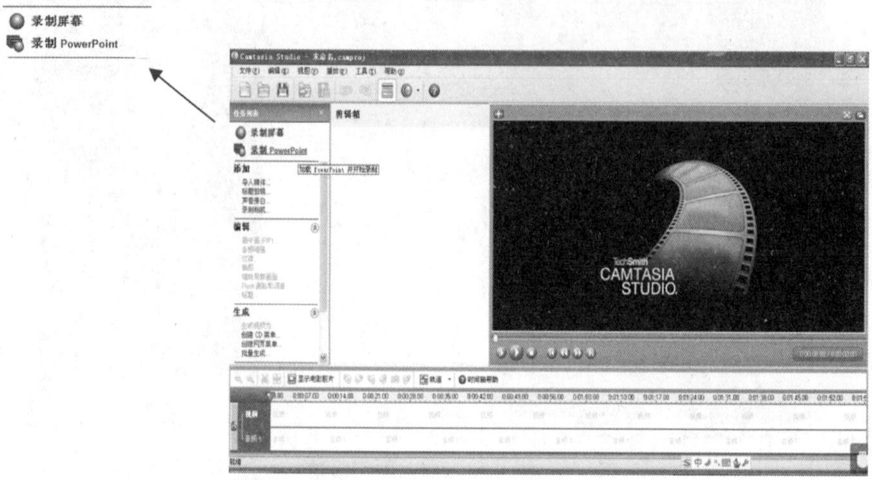

图 4–6　打开 Camtasia Studio 4.0，录制 PowerPoint

（5）在 PowerPoint 文档的左上角，如图 4–7 所示，点击“录制”，软件将会运行演示文稿并进入录制界面，如图 4–8 所示，界面右下角可见录制操作框。

图 4–7　点击录制按钮

图 4–8　进入录制界面

（6）插入麦克风，开始说话以对麦克风进行测试，如图 4–9 所示，麦克风测试条出现绿色条表示麦克风已可正常使用，拖动音量控制条选择最佳音量。

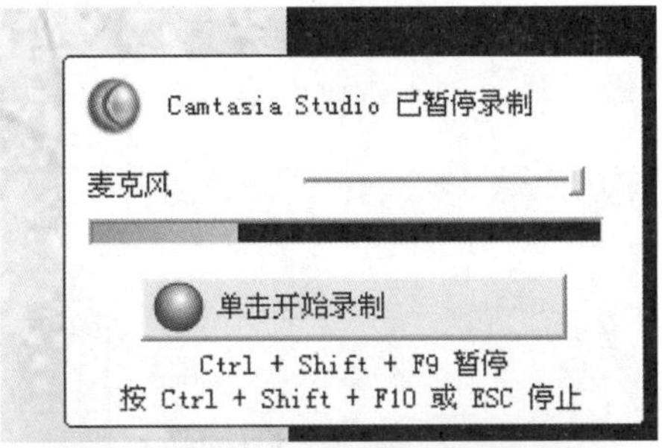

图 4–9　测试麦克风，调整音量

（7）点击“单击开始录制”后，用鼠标控制幻灯片播放，同时对准麦克风录入讲解，幻灯片结束放映时，如图 4–10 所示，界面会出现提示，选择“停止录制”后，界面会出现保存框，输入文件名，如图 4–11 所示，点击“保存”。

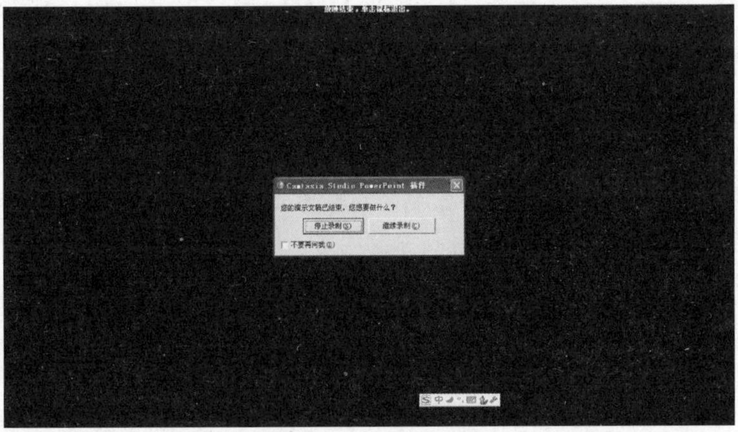

图 4–10　幻灯片结束放映

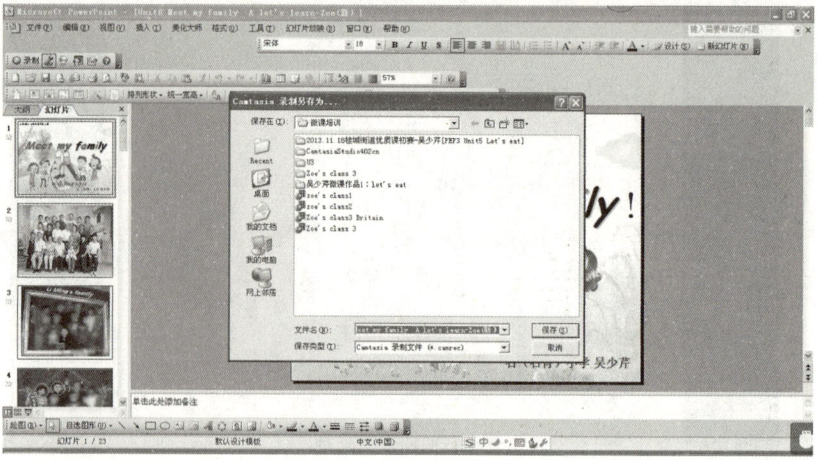

图 4–11　保存录制文件

（8）点击保存后，如图 4–12 所示，软件开始处理录制文件，此时请耐心等待。文件处理完毕后，选择“生成您的录制内容”，如图 4–13 所示。

图 4–12　处理录制内容

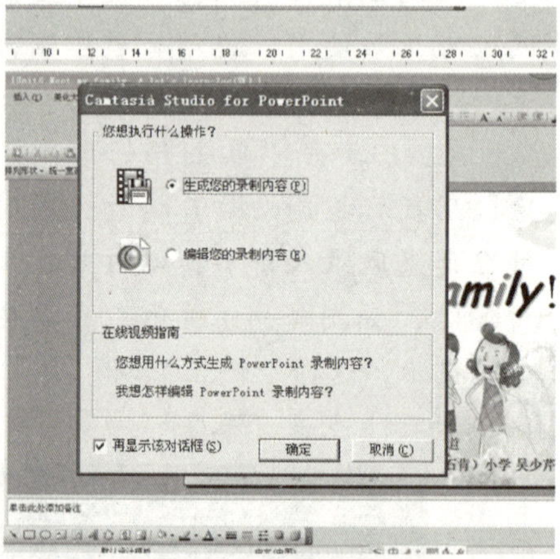

图 4–13　生成录制内容

（9）进入“生成向导”，如图 4–14 所示，选择“自定义产品设置”，并进入“下一步”。选择符合需要的视频格式，通常会选择 WMV 格式，再次点击“下一步”，如图 4–15 所示。

图 4–14　自定义产品设置

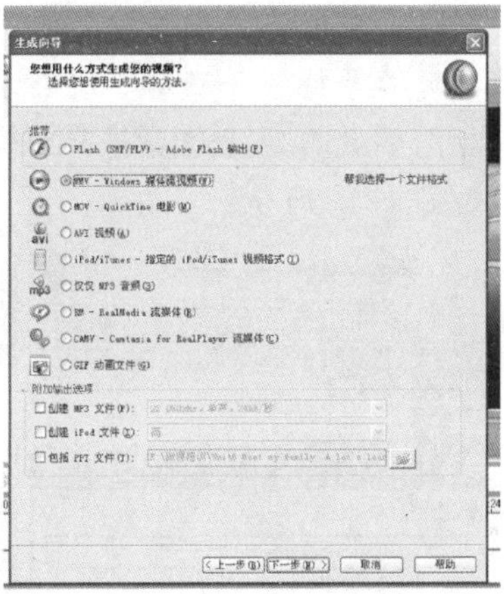

图 4–15　选择生成格式

（10）如图 4-16 所示，按照“生成向导”的提示，逐步设置文件格式。如果不是有特殊要求，一般选择默认选项即可。

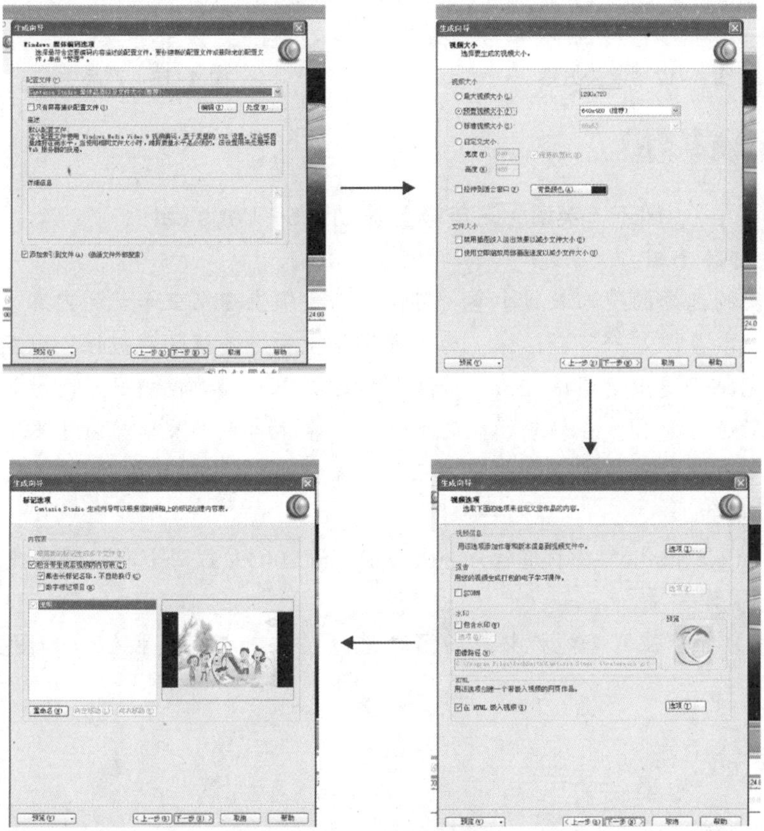

图 4–16　设置格式

（11）全部格式设置完毕后，如图 4–17 所示，会出现渲染方案界面，此时需耐心等待。并且由于渲染方案时，软件会占用大部分 CPU，因此最好不对电脑做其他操作。等待方案渲染完毕，产品生成完成，视频制作完毕，如图 4–18 所示。

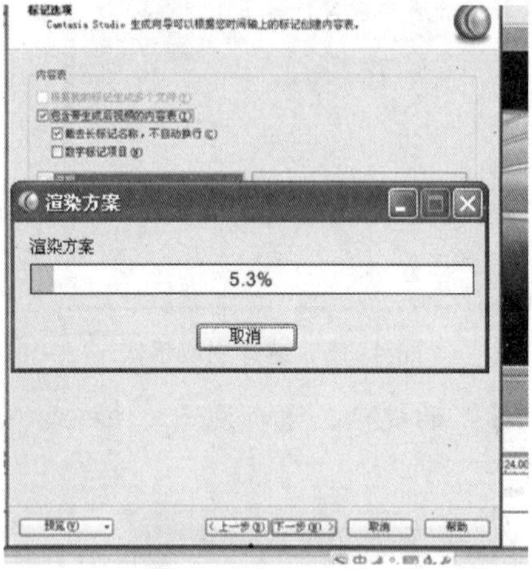

图 4–17　渲染方案

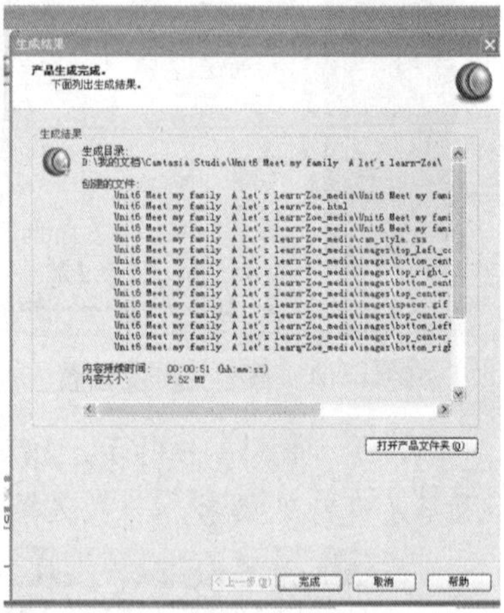

图 4–18　产品生成

【实训案例 4–3】

PEP《英语》三年级上册 Unit 5　Let's eat!

1. 作品介绍。

本实例选择的是人教版小学《英语》三年级上册第五单元的内容，话题是食物。本节课是一节会话课，为了提高学生学习英语的积极性，以及使他们能在完整语境中运用语言，本节课巧妙地截取了经典电视剧《西游记》片段并重新进行配音。在妙趣横生的视频中，学生自然而然地学习了本节课的重点句型，并在配音环节中进行了巩固操练。

2. 制作工具。

Camtasia Studio 4.0 录屏软件 +PowerPoint 2003+ 狸窝全能视频转换器。

3. 制作方法。

（1）打开狸窝全能视频转换器，选择“添加视频”按钮，如图 4–19 所示。

图 4–19　添加视频

（2）添加完视频后，点击“视频编辑”按钮，如图 4–20 所示，进入视频编辑界面。

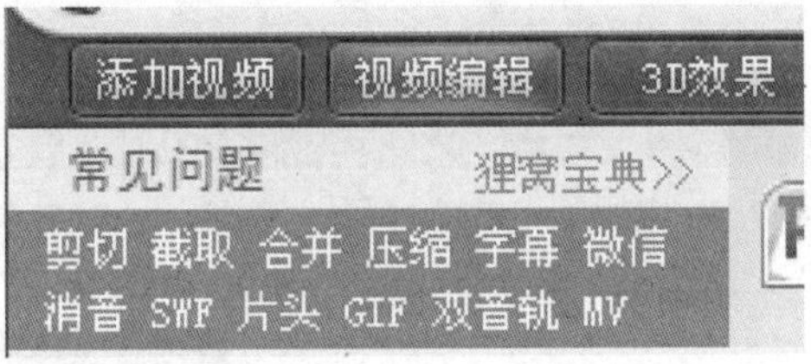

图 4–20　进入视频编辑

（3）如图 4–21 所示，软件界面会显示原始视图和输出视图，此时可以在“开始时间”和“结束时间”处输入所要截取的视频时间，确认无误后点击“确定”。

图 4-21　截取视频

（4）继续“添加视频”，按照同样的方法截取另一段视频，勾选右下角“合并成一个文件”后，如图 4-22 所示，点击“制作”按钮，开始合并视频。

图 4-22　合并视频

（5）新建 PowerPoint 文档，选择“插入”→“图片”→“来自文件”

命令打开文件夹面板，将选好的背景图插入空白页面，插入文本框、艺术字等，并设置好自定义动画，如图 4–23 和图 4–24 所示。

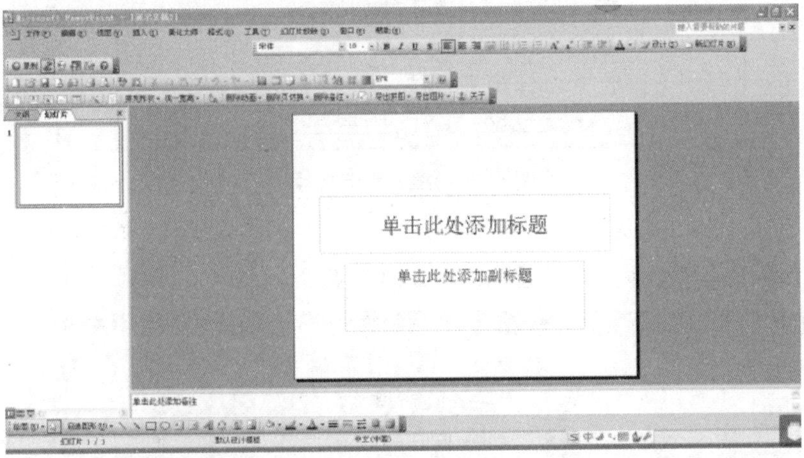

图 4–23　新建 PowerPoint 文档

图 4–24　制作封面页

（6）选择“插入”→“新幻灯片”，根据设计需要的幻灯片数量插入 11 个空白幻灯片。

（7）选择“插入”→“影片和声音”→“文件中的声音”，选择背景音乐，并选择“在单击时”，如图 4–25 所示。

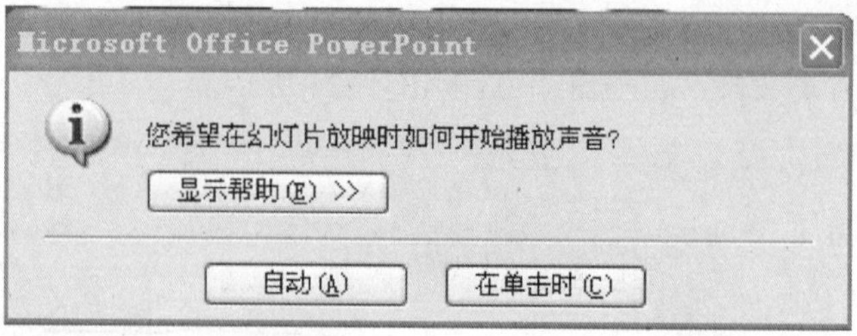

图 4-25　插入声音文件

（8）选择“插入”→“影片和声音”→“文件中的影片”，如图 4-26 所示，选择视频文件后，调整视频文件的位置。

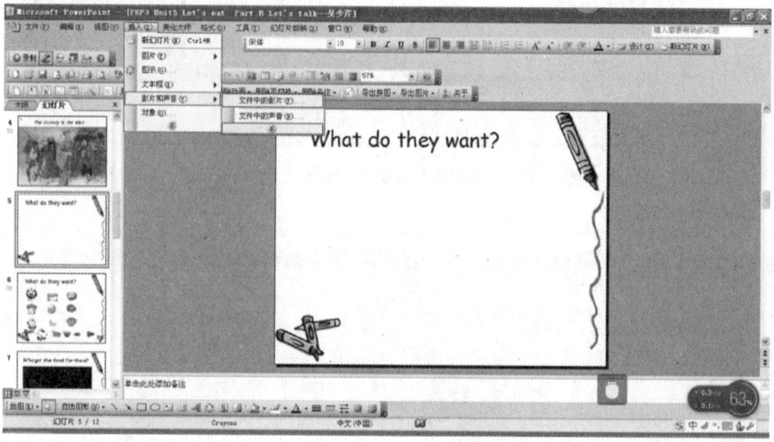

图 4-26　插入影片

（9）根据微课设计逐步制作好幻灯片，如图 4-27 所示，选择“文件”→“另存为”。

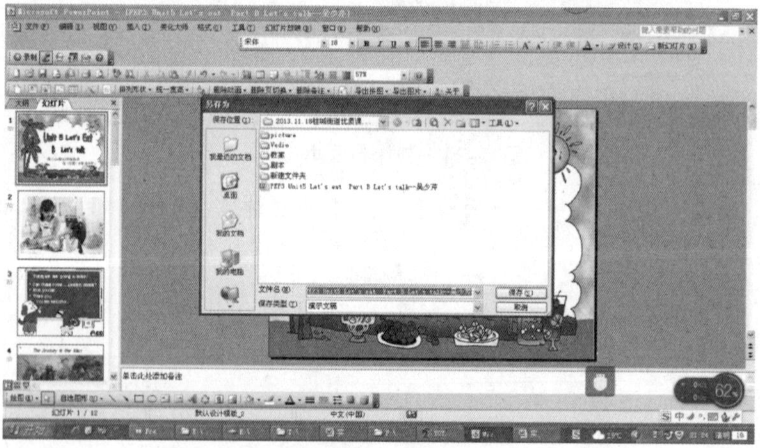

图 4-27　保存制作好的 PowerPoint 文档

（10）打开 Camtasia Studio 4.0，如图 4–28 所示，点击左上角的“录制屏幕”，界面将会出现 Camtasia 录像器，如图 4–29 所示。

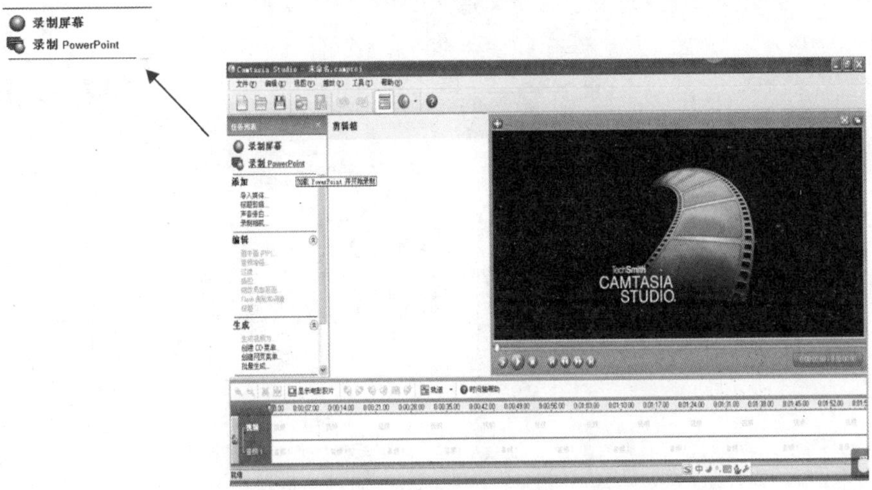

图 4–28 打开 Camtasia Studio 4.0，录制屏幕

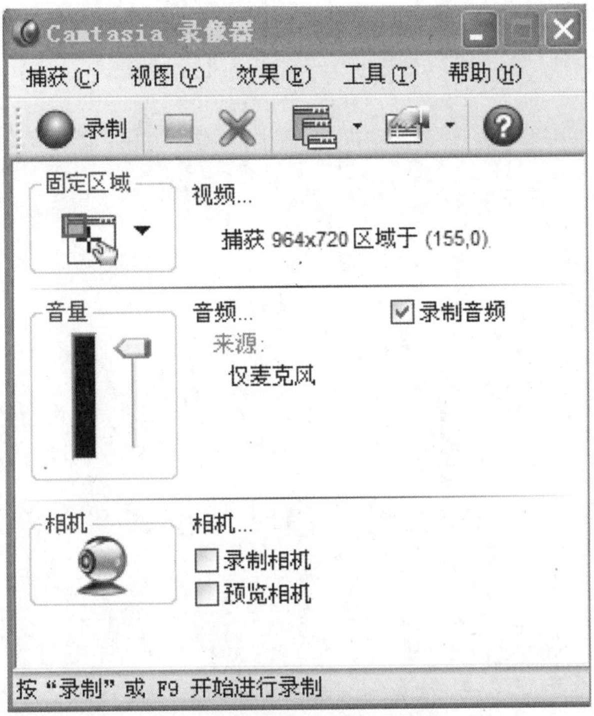

图 4–29 Camtasia 录像器

（11）按照录制向导，依次选择“录制整个屏幕”→“录制音频”→“麦克风和扬声器音频”→“自动调节音量”→“完成”，如图 4-30 所示，设置好录制选项。

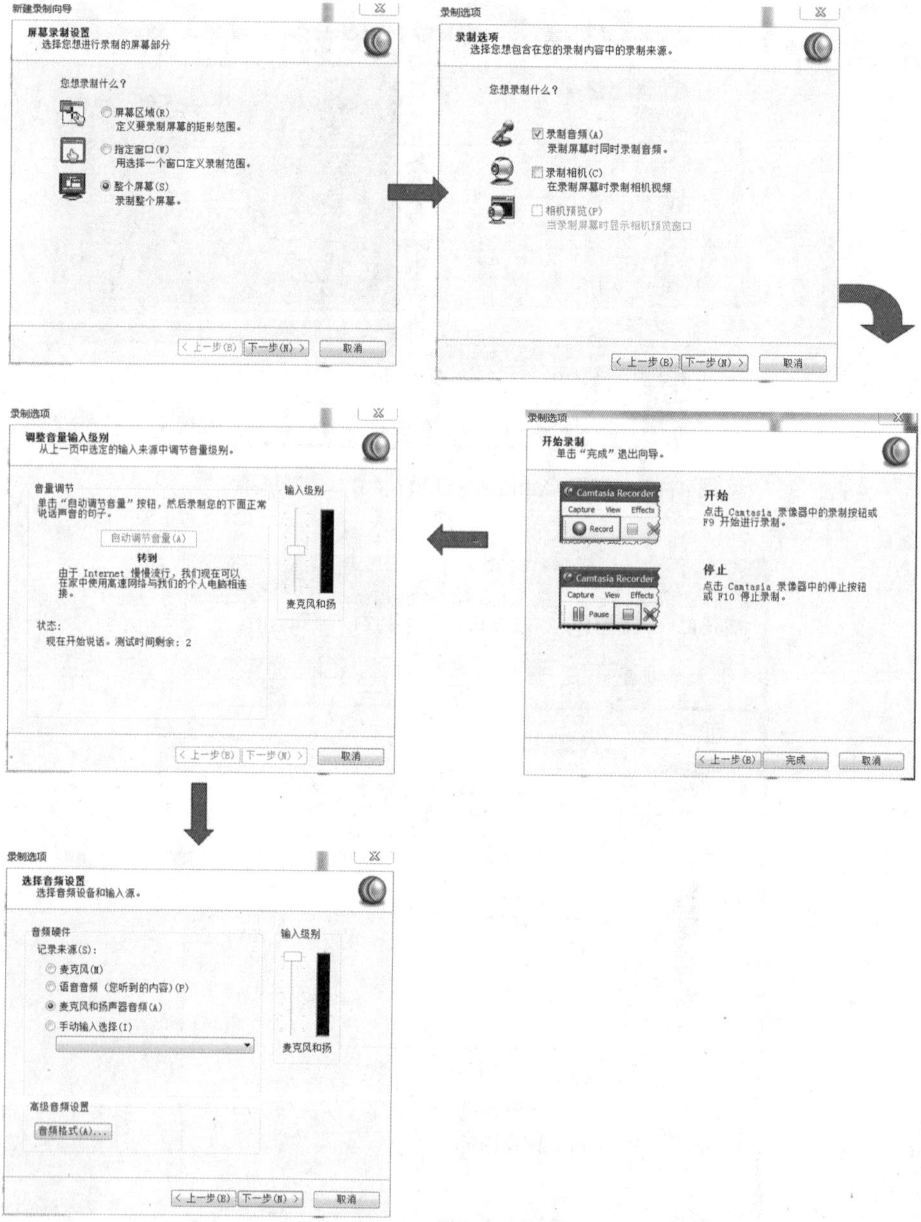

图 4-30　设置录制选项

（12）打开制作好的 PowerPoint 文档，点击“幻灯片放映”，屏幕开始放映幻灯片，准备就绪后按 F9，即开始录制，如图 4–31 所示，录制屏幕过程中对着麦克风配上旁白。

图 4–31　开始录制屏幕

（13）录制结束后，按 F10 停止录制，软件会跳转进入录像器预览，如图 4–32 所示。此时可以预览录制的视频，如发现问题可进行重录。

图 4–32　录像器预览

（14）预览结束如无须调整，即可选择“预览界面”右下角的“保存”选项，如图 4–33 所示。输入文件名，选择保存路径，此时保存的文件格式为“.camrec”格式，如图 4–34 所示。

图 4-33　保存预览

图 4-34　保存为".camrec"格式文件

（15）保存后，界面会跳转至"保存后选项"，选择"用可分享的格式生成我的视频"，如图 4-35 所示。

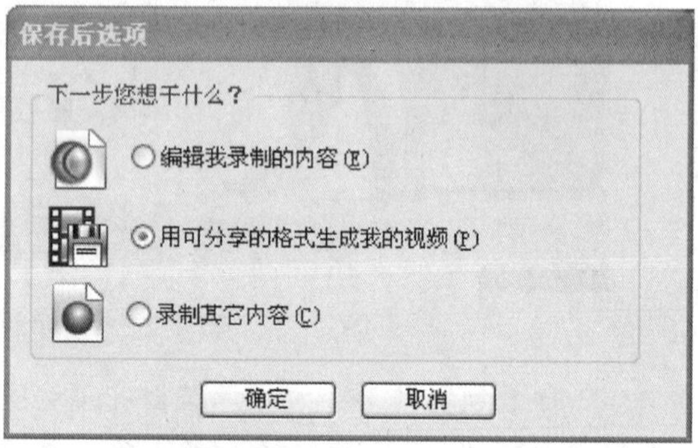

图 4-35　保存后选项

（16）进入"生成向导"，如图 4-36 所示，选择"自定义产品设置"，并进入"下一步"。选择符合需要的视频格式，通常会选择 WMV 格式，再次点击"下一步"，如图 4-37 所示。

图 4–36　自定义产品设置

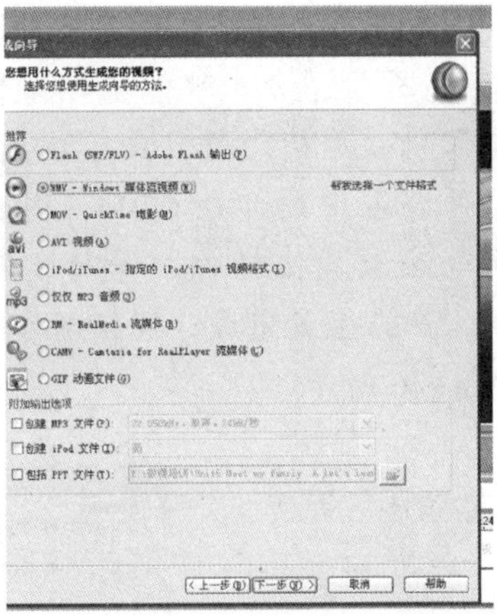

图 4–37　选择生成格式

（17）如图 4–38 所示，按照“生成向导”的提示，逐步设置文件格式。如果不是有特殊要求，一般选择默认选项即可。

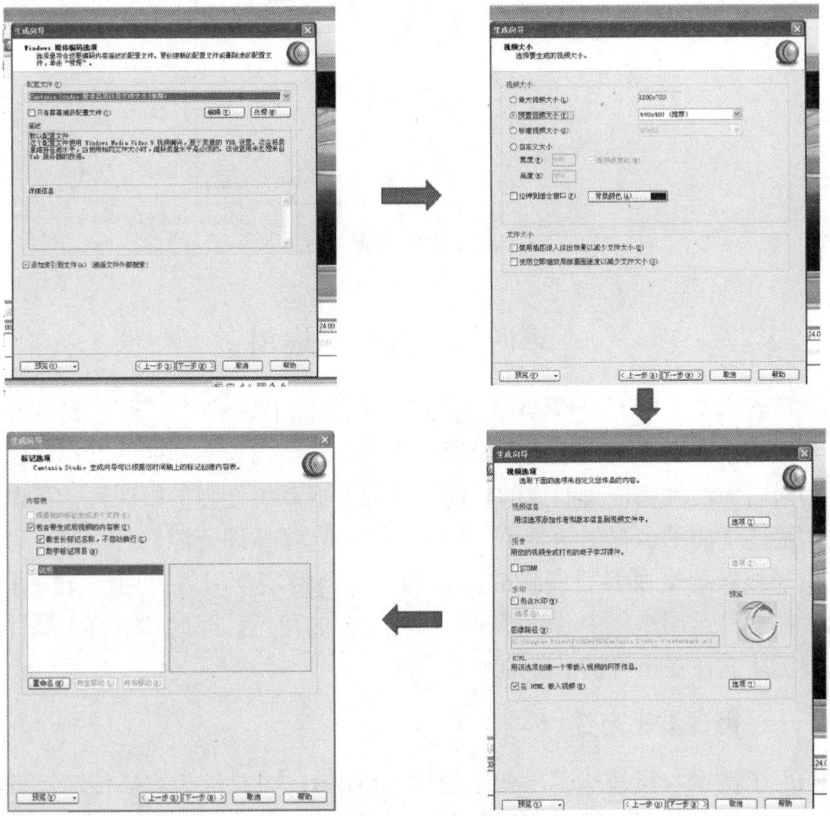

图 4–38　设置格式

（18）全部格式设置完毕后，如图4-39所示，会出现渲染方案界面，此时需耐心等待。并且由于渲染方案时，软件会占用大部分CPU，因此最好不对电脑做其他操作。等待方案渲染完毕，产品生成完成，视频制作完毕，如图4-40所示。

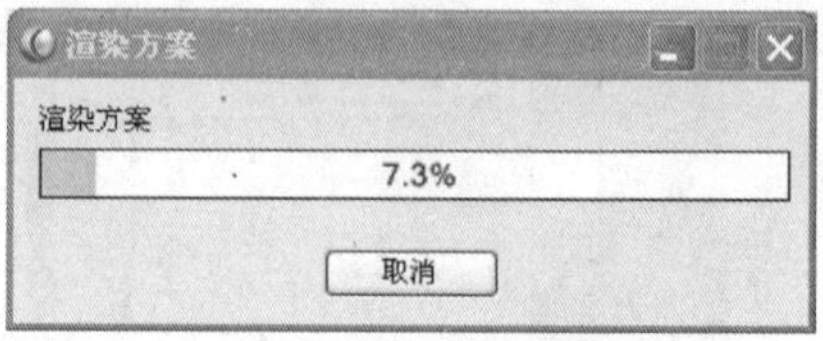

图 4–39　渲染方案

图 4–40　产品生成

第四节　微课的运用

笔者认为，目前小学英语微课的运用主要有两种。一种是放在各大平台，面向全社会开放。这类型微课一般是由平台组织专业团队制作而成，或者是面向一线教师征集而成的。前者一般形成系统性强的微课程，英语老师只需筛选优质平台提供给学生，由学生自主选择微课资源进行学习。另一种是由一线英语老师自行制作或选择的，面向特定学习者，用于支持课堂教学，在这种运用途径中，教师扮演比较重要的角色。因此，本节主要针对第二种运用途径提出可供借鉴的经验。

一、微课发布方式

由于微课容量较小，一般不超过100 MB，因此较为容易传输。教师要向学生发布微课，一般有以下几种方式。

（一）通过教育平台

有些地区或学校有专门的教育平台，如广东省佛山市南海区的“南海教育云平台”，这些地区的教师可选择将微课发布在这类平台上；如果没有区域性教育平台，教师也可将微课发布在“腾讯云课堂”等面向全国的平台。经历过疫情期间的在线教育，教师、学生普遍拥有在线教育账号，这种方式相对来说比较方便。

（二）通过通信工具

如果希望学生、家长能快速看到微课资源，教师也可选择微信、QQ 等即时通信工具进行微课传输。这种发布方式通常只面向一个班的学生。

（三）通过微信公众号

教师也可通过开通个人或学校公众号的方式，将微课定期上传至公众号进行发布。这种方式的优势是受众广，传播方便，能形成系列，而且有利于提高学校影响力。

二、配合学案使用

由于技术限制，现今的微课互动性还不强，且由于多数微课应用场景是在课后，教师难以收集学生学习情况，评价方式也比较单一。针对这个问题，在日常微课运用中，教师可适当利用学案物化学生的微课学习成果。笔者曾做过在预习型微课中运用预学案的课题研究，这种配套学习模式优势非常明显。

（一）导向性强

教师专为预习设计的微课除了呈现预习内容外，还设计了有层次性的预习任务，能够有效指导学生预习，比学生自己盲目预习效果更好。除此之外，教师还在微课中有意识地渗透预习策略，为学生如何进行有效预习提供了方法。授之以鱼，不如授之以渔。久而久之，学生在没有预习微课的环境下也有独立预习的能力。

（二）自主性强

移动设备的普及，使移动学习成为可能，也为个性化预习提供了肥沃的土壤。学生自主选择预习的地点和时间可以轻易地实现，更可以根据自己的实际情况做预习调整。学生认为比较难的环节，可以反复观看；认为比较容易的环节，可以一带而过；有疑惑的地方，可以随时停下做好记录或者查阅资料；学有余力的，可以就自己感兴趣的内容深入学习。总之，运用微课和预习案进行预习，自主性强是一大优势。

（三）目的性强

运用微课和预学案落实课前预习，还有目的性强的优势。教师在设计预习微课时，都是基于扫清新课学习障碍目的确定的预习内容和预习任务。学生根据微课进行预习，既有针对性地激活了与新课有关的知识与经验，也对重点内容有了一定的了解，同时还对课堂有了期待，有助于新课的学习。

微课的开发其实非常耗时耗力。因此，根据微课的使用目的，教师可以适当提供相应的学案给学生，使微课的效果达到最大化。

第五章 小学英语形成性评价研究分析与实训

小学英语教学评价体系主要由形成性评价和终结性评价组成。而《义务教育英语课程标准（2022年版）》提出指向学生核心素养发展的课程目标，指出评价与考试旨在评测学生核心素养的发展水平，倡导形成性评价与终结性评价相结合的评价理念，建立评价主体多元、方式多样、素养导向的评价体系。注重"教—学—评"一体化，坚持以评促学、以评促教，将评价贯穿英语课程教与学的全过程。通过评价，促进学生自觉运用评价结果改进学习，使他们不断体验英语学习的进步与成功，更加全面地认识自我、发现自我，保持并提高英语学习的兴趣和信心；促进教师获取英语教学的反馈信息，反思教学行为和效果，不断提高教学水平和专业能力；教学相长，不断为改进教育教学提供指导，从而促进英语课程的不断发展与完善。而形成性评价的核心就是让学生自主地完成某些学习任务，在学习过程中体验成功和收获，而不单纯是平时测验成绩的累计。形成性评价注重评价结果对教学的反馈作用，包括对学生学习和教师教学两方面的反馈作用。

因此，我们建立能激励学生学习兴趣和自主学习能力发展的形成性评价体系。它既注重培养和激发学生学习的积极性和自信心，发展综合语言运用能力，又能有效落实英语学科核心素养。

第一节 小学英语形成性评价的研究分析

一、形成性评价的定义

众所周知，教育评价的类型很多。形成性评价作为其中的一种评价形式，它对学生学习和教师教学的促进作用得到了一致的认可，并被视为评价体系中不可或缺的重要组成部分。那么，什么是形成性评价呢？不同的学者基于不同的学科背景持有不同的观点。首次使用“形成性”这一术语的学者斯克里文给出了如下定义：“当教育者对一个成熟的、已经完成的教育项目的价值进行评价时，他所进行的是终结性评价，其目的是评判，即帮助决策者做出关于教育项目是否合格的决定；但当教育者对一个正在进行中的教育项目进行评价时，他所进行的则是形成性评价，其目的不是评判，而是修正，即找出项目中的潜在问题，并做出如何改进项目的决定。”① 布莱克和威廉认为：“任何评价活动，只要它提供的信息被教师和学生用作反馈，以调整他们教和学的活动，那么这种评价就有利于学习。当学习证据被用于调整教学工作以满足学习需求时，评价即为形成性评价。”② 同样，赫里蒂基等将形成性评价定义为：在教学过程中连续收集学习证据、提供学习反馈的系统化的过程。③ 在这一精心计划的过程中，教师或学生使用以评价为基础的证据来调整正在进行的教和学的活动（波帕姆，2008）。

由北京师范大学王蔷教授主编，罗少茜老师等著的《促进学习：二语教学中的形成性评价》指出：“形成性评价是一种以评价为导向的课堂活动范式，它以评价者的判断能力为核心，要求评价者（教师、学生）采用、调整、设计各种适当的任务（课堂提问、任务、纸笔测试、档案袋等），系统地收集学生信息（包括学习产品和学习过程），并用适当的评价工具（检查表、评分准则等）对信息进行评价分析和阐释，再反馈给评价者（教师、学生）用于调整教和学的过程，促进学生语言能力的发展。”④

综合以上观点，我们认为形成性评价是指在教学活动及计划实施的过程中，诊断活动效果、调节活动过程，为保证目标实现而进行的过渡性评价。在评价中，教师要以学生综合语言能力的发展及学科素养为目标，根据具体的评价目的和内容，结合学生的实际设计出各种各样的活动形式和规则，通过使用问卷、观察、调查等非测试性评价工具，对计划方案执行的情况进行评价，探

---

① Scriven M. The Methodology of Evaluation［J］. AERA Monograph Series on Curriculum Evalution，1967（1）：39-83.

② Black P. & Wiliam D. In Praise of Educational Research：Formative Assessment［J］. British Educational Research Journal，2003，29（5）：623-637.

③ Heritage M.，Kim J.，Vendlinski，T.，et al. From Evidence to Action：A Seamless Process in Formative Assessment?［J］. Educational Measurement：Issues and Practice，2009，28（3）：24-31.

④ 罗少茜，黄剑，马晓蕾. 促进学习：二语教学中的形成性评价［M］. 北京：外语教学与研究出版社，2014：2.

寻影响质量和目标实现的原因，了解动态过程的效果，及时反馈信息，使计划方案不断得到完善，以求提高教育教学效果，圆满地达到预期的教育目的。

二、形成性评价的特点

（一）科学性

形成性评价的科学性表现在评价体系的构建、评价方案的编制及实施等各个环节都必须要符合评价对象的年龄特征，有利于其身心发展，能够指向学习目标、明晰学习活动、拓展学习空间，符合教育教学规律的评价方法。

（二）可操作性

形成性评价的可操作性表现在评价体系的建立和评价方案的实施要实事求是地面对评价对象的现状，既能达到评价的目的，又简单可行，提出建设性意见，逐步改进，从而促使教师或学生能够不断地改进、完善自己的教育活动或学习活动，让教育活动更好地为学生的发展服务。

（三）过程性

形成性评价是一种过程性评价，贯穿于学习过程的始终，教师设计简约、循序渐进的评价任务，引领学生进行系统、完整的学习，通过教师和学生的反馈，对评价中出现的问题仔细分析，及时反思调整，调节教学的全过程。

（四）多元性

形成性评价的多元性表现在评价内容、评价主体、评价标准等方面。在内容上，不仅要评价学生知识、技能、智力和能力的水平，还要评价情感、意志、个性、兴趣、态度、策略等非智力因素在学习过程中的发展和改进。在评价的主体上，一方面可以从多个方面、多个角度出发，对教育活动进行更全面、更客观、更科学的评价；另一方面提倡多元化的评价主体，变单一的教师评价为教师评价、学生的自我评价、学生的互评和家长的评价相结合，也可以把小组互评、组内成员互评的形式穿插在评价过程中。

（五）人文性

形成性评价的人文性在评价的过程中表现为坚持以人为本，实现自我激励；关心、尊重评价对象。要重视学生在评价中的个性反映，尊重学生的个别差异和个性特点，教会学生自我评价，帮助学生形成切实有效的符合个性特点的学习方式。

三、小学英语形成性评价的目的

激发学生的学习动机，这是教师们运用课堂评价最主要的目的。众所周知，动机对学习具有至关重要的影响，是影响学习的关键因素之一。小学英语形成性评价作为学校英语教育教学评价体系的重要组成部分，常用于英语教育教学活动中。其主要目的就是通过跟踪每个学生的英语学习进展和进步情况，激发他们的英语学习动机，发现他们的学习潜能，促进学生的英语学习；并通过相关信息的整理和收集，提供教学反馈，使得教师及时掌握每个学生英语学习的点滴及对某一英语学习任务的完成情况，及时调整教学方法，使得英语教与学都更为行之有效，保证英语教学目标的顺利实现。

就小学英语日常教学而言，我们也希望通过一系列的不断探索和实践，对学生的听、说、读、写、看等技能做出准确、科学、适时的形成性评价，找到简便易操作、具有一定代表性和科学性的小学英语学习的评价机制。这不仅是对学生掌握各项英语技能的诊断，更是一种激励和导向，从而促进小学生英语学习方式的变革，提升教师的英语教育教学能力和教学效果，更好地落实英语学科的核心素养。

四、小学英语形成性评价的评价形式

鉴于小学英语形成性评价要突出以学生为主体的思想，所以我们在评价主体的评价形式上采用合作式和交互式相结合的四种评价形式——学生自评、生生互评、教师评价、家长评价，使学生由被动受试者变为主动参与者。这种评价形式充分发挥了一切与英语学习有关人员的评价功能。在日常教学中合理地运用这四种评价方式，能有效地促进课堂教学任务的完成，以及使学生养成良好的学习习惯，形成有效的学习策略，发展他们的自主学习能力和合作精神。

（一）学生自评

学生自评侧重从良好的英语学习习惯、情感与策略等方面，不断地对自己的英语学习情况进行跟踪评价。在自评过程中，学生能够根据自查结果，发现问题及分析原因，发现自己的进步和不足，及时改进学习策略，明确下一阶段英语学习的目标和方向。

（二）生生互评

生生互评主要是学生之间互相考察、互相评价，特别是对于小学生来说，使用英语互相表达与沟通，能增加英语语言的输出。采用互动式教学评价的理念，以优化和提高合作学习效率为出发点，培养学生合作学习的精神和竞争意识。这一互评过程提高了学生的观察能力，使他们变成课堂的小主人，充分调动了学生的主观能动性。

（三）教师评价

在形成性评价中，教师作为评价的组织和发起者，要利用好小学生争强好胜的心理特点，在教学的各个环节引入竞争评价机制。教师评价特别强调对学生学习过程的培养，充分尊重学生在评价中的主体地位，给每位学生表现和锻炼的机会，与学生共同讨论，在讨论中渗透教师的指导作用，使学生在学习过程中得到激励，增强自信心和成就感，体验学习的快乐。

（四）家长评价

形成性评价的主体多元化使得家长有机会成为教育评价的主体，对学生的英语学习态度、行为表现等进行客观评价，发挥监督及激励作用。家长在参与评价孩子英语学习的过程中，能及时、全面地与教师沟通孩子的学习问题，了解到影响孩子英语学习的各种因素，找到开发孩子学习潜能的有效途径和方法，由此对英语教学活动做出自己的价值判断，提出英语教学改革和调整的建议，在一定程度上起到帮助教师反馈教学效果的作用。

五、英语形成性评价的意义

评价是教学目标实施的保证，评价内容和方式的选择直接影响教学和学习。形成性评价理念的提出既是理论上的创新，也是观念上的飞跃，重视和实施形成性评价更是小学英语评价的发展趋势。

（一）激发学习兴趣，增强学习自信心

兴趣是学习的先导，激励学生学英语的兴趣是很重要的，在课堂教学中教师往往采取各种各样的评价手段来激励小学生学英语的兴趣。实践证明，形成性评价是最适用于小学生的评价。小学英语教学的形成性评价大多是在一种开放的、宽松的、友好的、非正式的环境中进行的，它从小学生的英语学习兴趣和实际情况出发，并根据他们的优点和不足，给每个学生以反馈并提出具体的改进建议。这样既尊重了学生的个体差异，保护了学生的自尊心、自信心；又有意识地通过评价培养他们对英语学习的持久兴趣和挖掘最大学习潜力，激励他们不断处于最佳的学习状态之中，使他们乐学、善学、会学、会用。

（二）注重综合素质，促进学生全面发展

学生是学习的主体，无论是教学还是评价都应以学生的全面发展为出发点。小学英语教学形成性评价体系，能够在让小学生不断积累英语语言知识、发展英语语言能力的同时，充分体现人本理念，将学生作为课堂教学主体，尊重个体差异，注重对个体发展独特性的认可，发挥学生多方面的潜能。

因此，教师应该为学生营造轻松的学习氛围，充分利用教学评价激励学

生更好地参与到英语学习活动当中。小学英语形成性评价不仅包括学生在日常英语课堂教学活动中的表现，还包括在英语学习能力、英语素养、学习态度等方面的评价内容，帮助他们全面认识自己的英语学习情况。这样的教学评价方式有利于帮助每个学生改进英语学习的方法、习惯，树立学习英语的信心，夯实英语基础，养成和谐、健康向上的学习品格，从而大大提高英语教学效率，达到促进英语教学和学生身心全面发展的双重目标。

（三）获取反馈信息，及时调整教学行为

形成性评价是在新课改背景下出现的一种教学评价方法，本质上是不断反馈、调节和矫正的过程。小学英语教师应结合学生的课堂表现情况以及对英语知识的认知能力，充分认识到构建形成性评价体系的重要性，促使教师从重视教学的结果过渡到重视教学过程。

英语教学在小学各年段的形成性评价，是为了让学生自主地完成某些学习任务，在学习过程中体验成功，所以教师要设计好每个环节的教学评价活动，让各个层次的学生都学有所获。经常开展不同主题的形成性评价，可以让教师更快、更全面地获得反馈信息，把反馈与调整紧密结合，通过自我认识、自我调控、自我完善，充分发挥形成性评价特有的反馈作用，及时调整教学行为，提高自己的英语教学水平，提高教学成效。

第二节　小学英语形成性评价的实操案例

前一节我们主要从理论的角度探讨了形成性评价的定义、特点、目的、形式和意义，但是在小学英语课堂教学中如何才能按照相关的评价要求设计及实施评价活动呢？本节我们将从小学英语教学中强调的“听、说、读、写、看”五大技能角度，结合形成性评价的方法，从设计意图、操作方法、评价表格、使用方法、考核标准等方面，设计具体的形成性评价案例，进一步研究探索如何有效地将形成性评价运用于整个小学英语教育教学过程中，从而实现评价功能的意义最大化。我们希望这些案例能够为教师在日常教学中实施形成性评价提供系统详细的可借鉴资料。

【实训案例 5-1】

英语视听

现代信息技术使得视频、音频图像等丰富有趣的视听教学资源充分运用到现代教育教学当中。视听教学资源的充分利用，对于提高小学英语课堂教学效果有着重要且明显的意义。视听的内容根据学生的需求呈现出多样化和个性化的特色，培养了学生自主学习英语的能力，提高了学生英语学习兴趣，锻炼了学生英语语言的应用能力。

英语视听包括以下几方面内容。

（一）设计意图

如何提高学生的视听学习兴趣是英语教学的重中之重。英语视听课这种新的模式能够完成传统课堂上无法完成的听说训练，从而能督促学生积极学习，促使学生的听说能力逐步提升。评价结果可供教师和家长及时了解学生英语视听学习的情况。

（二）操作方法

给每个学生设计一张英语视听评价表（见表 5-1），每天给学生布置不同的视听任务，学生每天进行自评和记录，教师根据学生表现评分，每周做出总结，及时掌握学生的情况。

（三）评价表格

表 5-1　英语视听评价表

日期	内容	自评			词汇积累
		View & Listening（视听次数）	Reading（朗读视听文本次数）	词汇障碍情况	
9.1	Color	2	2	☆☆☆☆	……
9.2					
9.3					
9.4					
教师总评					

评价表使用方法说明：

1. 每天要记录好视听的内容主题。
2. 每天视听情况学生自己要做好记录（次数）。
3. 每天朗读视听文本次数要做好记录。
4. 每天记录当天阅读词汇障碍情况（用星级评价方式记录）。

“词汇障碍情况”一栏填写标准：

☆☆☆☆☆在视听文本练习时，每次有 1 ~ 2 处词汇听力障碍。

☆☆☆☆在视听文本练习时，每次有 3 ~ 5 处词汇听力障碍。

☆☆☆在视听文本练习时，每次有 6 ~ 10 处词汇听力障碍。

☆☆在视听文本练习时，每次有 10 处以上词汇听力障碍。

5. 在视听结束后，记录新的词汇以及中文意思。

6. 教师每周进行一次总评，对班上的孩子给予鼓励和表扬。可以评“视听大王”等称号。

【实训案例 5-2】

口语交际

英语作为一门全世界通用的语言，在全世界人民互相交流中起到了非常重要的作用。随着世界的进步，教育在不断地改革，英语已经成了我国教育的一门基础性学科，英语学科的学习不仅仅要求学生懂得基础性知识，还要求学生掌握一定的口语交际能力。所以，在小学阶段的英语学习过程当中，就一定要重视培养学生口语交际的能力。

一、口语交际形成性评价活动设计

（一）设计意图

英语是一门语言，需要在生活中多使用才能起到交流的作用，从而提升学生的英语实用能力，让英语真正成为交流的工具，服务于生活。

（二）操作方法

教师根据班级人数情况，把全班分为若干个小组，每个小组确定一名组长，向每位学生下发一张英语口语交流评价表（见表 5-2），记录学生一周口语交流情况。小组和教师每周对学生的英语口语掌握情况进行评价，具体结果通过评价表反馈出来。

表 5-2　口语交流评价表

学生姓名：________________

日期	自评		小组评				教师评
	课堂发言	日常交谈	歌曲演唱	童谣表演	对话表演	朗读背诵	情景交际

表格使用方法说明：
1. 各栏目用A、B、C三个等级评价。
2. 每节英语课或课后，由学生在相关的栏目中进行自评和小组评。
3. 组长每周检查本组同学的评价情况。
4. 教师结合平时的英语口语使用情况对学生进行评价。

（三）表格使用考核标准

1. 自评考核标准。

（1）课堂上能积极举手发言，能用英语进行顺畅的交流。

（2）课堂上比较积极举手发言，基本能用英语进行顺畅的交流。

（3）课堂上较少发言，不能用英语进行顺畅的交流。

2. 小组评考核标准。

（1）能自然流畅地演唱英文歌曲或歌谣，能结合对话内容进行表演，能用正确的语音语调朗读课文并背诵。

（2）基本能流畅地演唱英文歌曲或歌谣，能较完整地进行对话表演并能用较正确的语音语调朗读课文并背诵。

（3）不能流畅地演唱英文歌曲或歌谣，无法进行对话表演以及用正确的语音语调朗读课文并背诵。

3. 教师评考核标准。

（1）能自如地用英语和别人交流。

（2）基本上能用英语和别人交流。

（3）不能用英语和别人交流。

二、看图说话形成性评价活动设计

（一）设计意图

看图说话可以培养学生用英语进行思维的能力，同时也能促进语言能力的提升。为了提升学生看图说话的能力，教师可增设打卡看图说话的教学任务并设计一项评价活动，以提高学生用英语进行思维的口语表达能力。评价结果可供教师和家长及时了解学生英语学习的情况。

（二）操作方法

给每个学生设计一张英语看图说话评价表（见表5-3），每周给学生布置看图说话任务，学生需要在课前做好该图片话题的准备，课堂上轮流上台讲解图片内容。学生根据自己的表现评分，教师每个月进行总结，及时掌握学生的情况。

表 5–3　看图说话评价表

学生姓名：________________

图片话题	自评		教师评				教师总评
	课前准备	参与态度	图片理解	语言表达	语音语调	个人台风	
话题 1 Family							
话题 2 In the park							
话题 3 Hobbies							
话题 4							

评价表使用方法说明：

1. 各栏目用 A、B、C 三个等级评价。
2. 每节英语课上，由教师、学生在相关的栏目中进行评价。
3. 教师每月进行一次总评。

（三）评价表使用考核标准

1. 自我评价考核标准（见表 5–4）。

表 5–4　看图说话自我评价考核标准

项目	等级	评价标准
课前准备	A	课前练习积极认真，能主动地去操练教师布置的看图话题
	B	课前练习比较积极认真，能按时地去操练教师布置的看图话题
	C	课前练习不积极认真，不能按时地去练习教师布置的看图话题
参与态度	A	能积极参与小组的看图话题讨论，主动发表自己的意见
	B	比较能积极参与小组的看图话题讨论，会发表自己的意见
	C	不能积极参与小组的看图话题讨论，不发表自己的意见

2. 教师评价考核标准（见表 5–5）。

表 5–5　看图说话教师评价考核标准

项目	等级	评价标准
图片理解	A	能正确理解图片及情节，明确图片隐含的故事及各场景的意义
	B	基本能理解图片及情节，大致能理解图片隐含的故事及各场景的意义
	C	不能正确地理解图片及情节，不了解图片隐含的故事及各场景的意义

续上表

项目	等级	评价标准
语言表达	A	在图片理解的过程中，逻辑性强，内容合理、精彩丰富
	B	在图片理解的过程中，内容合理，句子存在极个别的语法错误
	C	在图片理解的过程中，出现较多的语法错误，没有逻辑性，内容缺乏条理，话题内容空洞
语音语调	A	口齿清晰，语音准确，语调自然，语速自然流畅
	B	语音语调基本正确，能把握好节奏，个别句子不够流利
	C	语音语调生硬，语调节奏不够准确，多个句子出现断断续续
个人台风	A	精神饱满，舞台感染力强，举止大方得体，个人自信有魅力
	B	个人形象得体，有感染力，但欠缺个人魅力，不够自信
	C	个人整体形象不佳，在舞台上胆怯，没自信

三、英语演讲形成性评价活动设计

（一）设计意图

创建良好的校园英语学习氛围，提高学生学习英语、运用英语的能力，使学生改变传统的英语学习习惯，变“哑巴英语”为“说出来的英语”“喊出来的英语”，从而有助于学生体验说英语的快乐。也可以极大地调动学生主动演讲的积极性，让他们在短期内达到提升英语话题演讲能力的目的。

（二）操作方法

给每位学生分发一张英语演讲评价表（见表 5–6），用于记录学生一个学期的英语演讲情况。小组和教师每月对学生当月的英语演讲情况进行评价，结果通过评价表具体反馈出学生英语演讲的情况。

表 5–6　英语演讲评价表

学生姓名：________________

月份及演讲话题	小组评		教师评		
	仪表形象	时间把握	演讲内容	语言表达	演讲技巧
9 月 My family					
10 月 ……					

续上表

月份及演讲话题	小组评		教师评		
	仪表形象	时间把握	演讲内容	语言表达	演讲技巧
11月 ……					
12月 ……					
1月 ……					

评价表使用方法说明：

1. 各栏目用A、B、C三个等级评价。
2. 将全班分为若干个小组，每人每月一个演讲话题。
3. 每次完成演讲话题，由组内成员和教师进行评价。

（三）评价表使用考核标准

1. 小组评考核标准。

（1）仪表形象：

A. 举止大方得体，自信，情绪饱满，有感情及气势，仪态仪表端正，气质好。

B. 整体形象欠佳。

（2）时间把握：

A. 演讲及朗诵时间未超过限制，属于正常范围。

B. 演讲时间不足1分钟，或演讲及朗诵时间超过限制。

2. 教师评考核标准。

（1）演讲内容：

A. 演讲有极强的感染力、思想性、逻辑性，层次分明，引人入胜。

B. 思想性较弱，逻辑性不强，虽然具有一定的思想性，但缺乏表现力度和深度。

C. 整体演讲内容空洞，缺乏条理，逻辑性不强。

（2）语言表达：

A. 语音语调标准，口齿清楚，语言流畅，用词正确，无明显语法错误，显示较强的语言功底。

B. 个别发音错误，语句偶尔有障碍，或有个别用词不当，或有个别语法错误。

C. 整体语言表达能力一般，或有一些词汇错误、语法错误。

（3）演讲技巧：

A. 善于运用面部表情、手势姿势，眼神接触与身体语言得当，语调抑扬顿挫，富于变化，有熟练的演讲技巧，能吸引观众，有较强的艺术感染力。

B. 面部表情欠佳，语音语调或演讲技巧不够练熟。

C. 随意性强，完全不注意演讲技巧。

【实训案例5-3】

英语阅读

学习任何语言都需要大量阅读，学习英语也不例外。阅读教学是英语教学中的重要环节，培养和提升学生的阅读能力，能拓宽学生的视野，丰富他们的知识，更能有效地发展学生的综合语言运用能力，落实英语学科核心素养。

一、低年级英语绘本学习形成性评价活动设计

（一）设计意图

这种评价形式，可以让家长和教师清晰地了解学生阶段性的绘本阅读情况。学生在学习绘本的过程中，还能增加词汇量。而且灵活的评价方式（课内、课外）适合不同层次的学生，学生根据自己的水平选择，结果具有参考意义。通过全面和系统性的评价方式，也可以极大地调动学生学习英语和使用英语的热情，促进学生自主学习，让学生感受到阅读英语绘本的乐趣。

（二）操作方法

学生每周挑选一本绘本进行学习，可以是课内的，也可以是课外的，难易程度可以根据个人水平选择。每个学生都有一张悦读绘本评价记录卡（月卡）（见表5-7），学生每周的绘本学习情况都能在表中具体显示出来。

表5-7　悦读绘本评价记录卡（月卡）

学生姓名:____________　　小组:____________

周次	Title（书名）	Writer（作者）	New words（新词）	自评 Listening & Reading（听读次数）	小组评 Speaking & Acting（讲演）
1					
2					
3					
4					
教师总评					

评价表使用方法说明：

1. 每周选的绘本故事要填好书名和作者。
2. 在阅读过程中记录下新的词汇以及中文意思。
3. 每周听读情况学生自己要做好记录（次数）。
4. “讲演”一栏填写标准，可设置为在英语课上，让学生进行小组的绘本分享讲演。学生的表现用星级来表示，具体如下：

☆☆☆☆☆ 语音语调标准，演讲流畅，能使用生动的肢体语言。

☆☆☆☆ 语音语调比较标准，演讲比较流畅，能使用恰当的肢体语言。

☆☆☆ 语音语调一般，演讲基本流畅，勉强能使用肢体语言。

☆☆ 语音语调一般，演讲不够流畅，不能使用肢体语言。

☆ 语音语调不标准，演讲不流畅，不能使用肢体语言。

5. 教师每个月进行一次总评，对班上的孩子给予鼓励和表扬。可以评选“阅读大王”“悦读之星”等称号。

二、小学高年级课外阅读形成性评价活动设计

（一）设计意图

评价设计活动能够凸显学生的课外英语阅读表现情况，并重点考查阅读词汇障碍情况。这种评价形式可以让家长和教师清晰地看到学生一个阶段的阅读书目及阅读表现情况，同时通过系统性的评价方式，也可以极大地调动学生英语阅读的热情，让学生感受到学习英语的乐趣。

（二）操作方法

每个星期孩子们自主挑选一本课外阅读读物，教师为每个同学设计一张快乐悦读存折（评价表）（见表 5–8），学生的阅读情况都能在表中具体显示出来。

表 5–8 快乐悦读存折（评价表）

学生姓名：______________

<table>
<tr><th>周次</th><th>阅读书目</th><th>拓展词汇</th><th>书目数量（每周）</th><th>阅读词汇障碍情况</th></tr>
<tr><td>1st week</td><td></td><td></td><td></td><td></td></tr>
<tr><td>2nd week</td><td></td><td></td><td></td><td></td></tr>
<tr><td>……</td><td></td><td></td><td></td><td></td></tr>
<tr><td colspan="5">我的收获</td></tr>
<tr><td colspan="2">阅读书目总量</td><td colspan="3">荣誉称号</td></tr>
<tr><td colspan="2">10 本</td><td colspan="3">阅读之星
……</td></tr>
</table>

评价表使用方法说明：

1. 每次阅读完一本书在“阅读书目”栏内填入该书名字。

2. 每次在“拓展词汇”一栏摘录阅读的好词。

3. 每周记录一次阅读词汇障碍情况（用星级评价方式记录）。

“阅读词汇障碍情况”一栏填写标准：

☆☆☆☆☆ 在文本阅读时，每本书都没有词汇理解障碍。

☆☆☆☆ 在文本阅读时，每本书有 1～2 处词汇理解障碍。

☆☆☆ 在文本阅读时，每本书有 3～4 处词汇理解障碍。

☆☆ 在文本阅读时，每本书有 5～9 处词汇理解障碍。

☆ 在文本阅读时，每本书有 10 处以上词汇理解障碍。

每月举行读书分享会，会后填写一次“我的收获”，含阅读书目总量和获得的荣誉。

三、小学中高年级英语阅读理解形成性评价活动设计

（一）设计意图

阅读教学在小学英语教学中占据越来越重要的位置，但如何教会学生掌握英语阅读理解的技巧，并不是一件容易的事。可通过运用英语阅读理解的书对学生进行阅读指导，帮助学生提升词汇量，掌握一定的阅读方法与技巧。为了能跟踪和了解学生对英语阅读理解方法和技巧掌握的学习情况，可通过全面和系统性的评价方式，促进学生自主学习，提高英语阅读理解的水平。

（二）操作方法

1. 把全班分为若干个小组，每个小组确定一名组长，向每位学生下发一张英语阅读理解挑战卡（评价表）（见表 5–9），记录学生一周阅读理解的完成情况。

2. 课堂上教师对英语文章进行精读讲解，通过设问、勾画等方式，对学生给予略读、寻读、猜词、推理、总结等阅读技巧指导。教师记录课堂上学生的表现并对每个学生做出评价。

3. 学生在课堂上或课后完成教师布置的阅读理解后，在组内与组员分享自己阅读的文章内容，组长带领大家一起对各组员的阅读情况进行评价。

4. 由于课堂时间有限，学生可以在课后选取相应的拓展阅读理解文章并完成阅读，家长负责评价学生当周在家的阅读情况。

5. 一周后，教师收回评价表，根据教师评价、小组评价以及家长评价对学生当周的英语阅读理解情况进行综合总评。

表 5-9　英语阅读理解挑战卡（评价表）

姓名:______________　班级:______________

日期	阅读篇数	教师评价						小组评价			家长评价	
		快速略读	细心寻读	猜测词义	预测推理	归纳总结	收集词句	认真阅读	主动分享	掌握大意	主动阅读	摘抄词句
Day 1												
Day 2												
Day 3												
……	……											

我的收获	
周阅读量（总篇数）	荣誉称号
15	英语阅读王者

评价表使用方法说明：

1. 各栏目用 A、B、C 三个等级进行评价。

2. 每节英语阅读理解评讲课后，教师、学生在相关的栏目中进行评价；家长在一周内监督学生完成阅读，并根据要求做出评价。

3. 教师每周进行一次总评，对班上的孩子给予鼓励和表扬。可以评选“阅读大王”“悦读之星”“英语阅读王者”等称号。

（三）评价表使用考核标准

1. 教师评价（见表 5-10）。

表 5-10　英语阅读理解教师评价考核标准

项目	等级	评价标准
快速略读	A	能按照教师的要求高质量完成全文略读
	B	基本能按照教师的要求高质量完成全文略读
	C	不能按照教师的要求高质量完成全文略读
细心寻读	A	能根据教师提出的问题完成阅读并找到答案
	B	基本能根据教师提出的问题完成阅读并找到答案
	C	不能根据教师提出的问题完成阅读并找到答案
猜测词义	A	能结合上下文段或语句猜测出生词的意思
	B	基本能结合上下文段或语句猜测出生词的意思
	C	不能结合上下文段或语句猜测出生词的意思

续上表

项目	等级	评价标准
预测推理	A	能根据教师的提示对文章的结局或内容进行预测
	B	基本能根据教师的提示对文章的结局或内容进行预测
	C	不能根据教师的提示对文章的结局或内容进行预测
归纳总结	A	能通过对文章的阅读归纳总结出文章的主要内容
	B	基本能通过对文章的阅读归纳总结出文章的主要内容
	C	不能通过对文章的阅读归纳总结出文章的主要内容
收集词句	A	在阅读的过程中能够做到及时收集生词或是喜欢的词句
	B	偶尔在阅读的过程中及时收集生词或是喜欢的词句
	C	没有在阅读的过程中及时收集生词或是喜欢的词句

2. 小组评价考核标准（见表5–11）。

表5–11　英语阅读理解小组评价考核标准

项目	等级	评价标准
认真阅读	A	能够认真安静地阅读
	B	基本能够认真安静地阅读
	C	不能认真安静地阅读
主动分享	A	阅读后能够积极主动地与组员分享自己所读文章
	B	阅读后能够与组员分享自己所读文章
	C	不愿意与组员分享自己所读文章
掌握大意	A	通过自由阅读能够掌握文章大意且分享时很有条理
	B	基本能够掌握文章大意
	C	不能掌握文章大意

3. 家长评价考核标准（见表5–12）。

表5–12　英语阅读理解家长评价考核标准

项目	等级	评价标准
主动阅读	A	在家能够积极主动地阅读理解文章
	B	在家人的提醒下会阅读理解文章
	C	不愿意去阅读理解文章
摘抄词句	A	在阅读的过程中能够做到及时收集生词或是喜欢的词句
	B	偶尔在阅读的过程中及时收集生词或是喜欢的词句
	C	没有在阅读的过程中及时收集生词或是喜欢的词句

【实训案例5-4】

英语书写

《义务教育英语课程标准（2022 年版）》对写的要求是能熟练、清楚地书写大小写，字词句、标点等运用正确、规范。写得不正确、不清楚，必然会影响看的效果。在英语的各种考试中，书写得好坏，直接影响学生的学业成绩。因此，在教学中，时时刻刻注意培养学生的书写是非常重要的。

一、英语书写形成性评价活动设计

（一）设计意图

通过这种评价形式，有效帮助学生养成良好的书写习惯，提高书写美观度。评价结果可供教师和家长及时了解学生英语书写的情况。

（二）操作方法

1. 将全班分为若干个小组，每个小组确定一名组长，每人一张英语书写评价表（见表 5-13）。

2. 教师对学生书写情况进行评价。

3. 学生书写完成后，在组长的带领下进行组内评比，评价组内成员的书写。

4. 学生将书写的内容提交给家长进行评价。

5. 四周后举行书写比赛，进行阶段性总评。

表 5-13　英语书写评价表

学生姓名：____________

周次	书写内容	小组评价			家长评价			教师评价					总评
		态度认真	及时完成	字体美观	主动书写	态度认真	字体美观	认真听讲	姿势正确	书写工整	格式规范	字体美观	
第 1 周	字母 A—H												
第 2 周	字母 I—P												
第 3 周	字母 Q—Z												
第 4 周	单词、句子												

评价表使用方法说明：

1. 各项目评价用 A、B、C 三个等级进行评价。
2. 每节写字课后，学生、家长、教师在相关的项目中进行评价。
3. 教师每月通过书写比赛的形式进行一次总评。

（三）评价表使用考核标准

1. 小组评价考核标准（见表 5–14）。

表 5–14　英语书写小组评价考核标准

项目	等级	评价标准
态度认真	A	能够认真安静地书写
	B	基本能够认真安静地书写
	C	不能认真安静地书写
及时完成	A	能够完成当天的书写练习
	B	基本能够完成当天的书写练习
	C	不能完成当天的书写练习
字体美观	A	书写字体漂亮、美观
	B	书写字体比较漂亮、美观
	C	书写字体不够漂亮、美观，需继续努力

2. 家长评价考核标准（见表 5–15）。

表 5–15　英语书写家长评价考核标准

项目	等级	评价标准
主动书写	A	在家能够积极主动地书写
	B	在家人的提醒下会书写
	C	不愿意书写
态度认真	A	能够完成教师每天布置的书写作业
	B	基本能够完成教师每天布置的书写作业
	C	不能完成教师每天布置的书写作业
字体美观	A	书写字体漂亮、美观
	B	书写字体比较漂亮、美观
	C	书写字体不够漂亮、美观，需继续努力

3. 教师评价考核标准（见表 5–16）。

表 5–16　英语书写教师评价考核标准

项目	等级	评价标准
认真听讲	A	课堂上能认真聆听，不开小差
	B	课堂上基本能认真聆听，偶尔开小差
	C	课堂上不太认真聆听，经常开小差

续上表

项目	等级	评价标准
姿势正确	A	书写姿势正确，能做到腰背挺直，握笔正确
	B	书写姿势基本正确，能做到腰背挺直，握笔正确
	C	书写姿势不太正确，没有做到腰背挺直，握笔姿势有待改正
书写工整	A	书写作业干净、整洁，态度认真
	B	书写作业比较干净、整洁，态度比较认真
	C	书写作业不太干净、不够整洁，态度有待改进
格式规范	A	能按照教师的要求书写，格式规范，间隔适中
	B	基本能按照教师的要求书写，格式比较规范，间隔适中
	C	不能按照教师的要求书写，格式不规范，间隔太小或太大
字体美观	A	书写字体漂亮、美观
	B	书写字体比较漂亮、美观
	C	书写字体不够漂亮、美观，需继续努力

【实训案例5-5】

写作技能

英语是一门语言，既要会通过说的形式表达，也要擅长用写的形式表达。写作可以表达人们的思想感情、内心的想法，而把语言转化成文字，更加便于人们理解。同时，英语写作可以扩大英文单词的词汇量，一篇优美的英语作文，需要有大量的词汇量做基础，因此写作技能的培养也可以让学生平时积累好词好句，并将其运用于英文写作中。当然，英语写作对阅读、听力、口语、翻译同样也有帮助，它是相辅相成的，通过英语写作可以提高这些能力。

一、写作技能形成性评价活动设计

（一）设计意图

这种评价形式，可以让家长和教师清晰地了解到学生阶段性写作技能的情况。同时通过系统性的评价方式，既能促使学生阅读相关主题的短文，积累一定量的拓展单词和句型，也能规范学生书面表达的方式，提高学生写的能力。

（二）操作方法

把全班分成若干个小组，每个小组确定一名组长，小组长由小组组员自行选举产生。每位学生都有一张英语写作技能评价表（见表5-17），通过此评价表，可以及时反馈学生英语写作技能的情况。

表 5-17　英语写作技能评价表

学生姓名：＿＿＿＿＿＿＿

周主题	小组评		教师评		
	单词拼写	标点运用	写作内容	内容逻辑	语法运用
W1 My Friend					

备注：各栏目用 A、B、C 三个等级评价。

（三）评价表使用考核标准

1. 小组评考核标准。

（1）单词拼写：

①单词表达无错误。

②错 2～3 个单词。

③错 5～6 个单词。

（2）标点运用：

①标点使用正确。

②个别标点错误。

③标点错误超过 5 处。

2. 教师评考核标准。

（1）写作内容：

①句子结构准确，表达无误，内容完整。

②句子结构较准确，表达不影响理解，内容相对完整。

③句子结构错误多，表达不清，无法理解所写内容。

（2）内容逻辑：

①所写内容逻辑性强，思维缜密。

②所写内容逻辑性较强，思维比较缜密。

③所写内容无逻辑，东拉西扯，比较杂乱。

（3）语法运用：

①语法运用正确。

②语法基本正确，不影响理解。

③语法运用基本不正确，严重影响理解。

【实训案例5-6】

词汇积累

词汇作为英语学习的基础，在英语学习中占有重要的地位。要提高学生的英语学习水平，提高教师的英语教学效果，只有大量积累英语词汇，才能打破英语学习的瓶颈。

一、词汇积累形成性评价活动设计

（一）设计意图

这种评价形式，可以让家长和教师清晰地看到学生每天词汇积累的学习表现情况。同时通过系统性的评价方式，可激发学生学习英语的兴趣，引起学生对单词学习的重视，加强学生背诵单词的意识，提高学生背诵单词的能力，为英语阅读与写作打下坚实的基础。

（二）操作方法

把全班分成若干个小组，每个小组确定一名组长，小组长由小组组员自行选举产生。每位学生都有一张英语词汇积累评价表（见表5-18），通过此评价表，可以及时反馈学生英语词汇积累的情况。

表5-18　英语词汇积累评价表

学生姓名:____________

时间	项目内容						
	词汇积累	认读情况			词汇听写		
		自评	小组评	教师评	自评	小组评	教师评
Day 1	beauty clever …						
Day 2							
Day 3							
Day 4							
Day 5							
Day 6							

评价表使用方法说明:

1. “词汇积累”栏目填写每天积累的词汇。
2. 各栏目用A、B、C三个等级评价。

3. 学生要在相关的表格栏目中进行自评和小组评。
4. 教师结合每月的词汇比赛进行一次全班总评。

（三）评价表使用考核标准

1. 认读情况。
（1）积累的词汇读音准确，熟练掌握词义。
（2）积累的词汇大部分读音准确，词义掌握较熟练。
（3）只有部分积累的词汇读音准确，词义掌握不太熟练。
2. 词汇听写。
（1）书写规范，词汇正确率为 100%。
（2）书写规范，词汇正确率为 80%～90%。
（3）书写不认真，词汇正确率在 70% 或以下。

【实训案例 5-7】

英语歌曲表演

英文歌曲学习是学习英语的一种有效方法，在小学英语教学中发挥着至关重要的作用。听、唱歌曲不仅能够培养学生的语感，而且可以锻炼口语。英语歌曲表演还可以让学生保持对英语学习的浓厚兴趣，培养学生的英语思维能力和综合运用语言的能力。

一、英语歌曲表演形成性评价活动设计

（一）设计意图

这种评价形式可以让家长和教师清晰地了解学生英语歌曲学习和表演的情况。同时通过全面和系统性的评价方式，也可以极大地调动学生学习英语和使用英语的热情，促进学生自主学习，让学生感受到学习英语的乐趣。

（二）操作方法

把全班分成若干个小组，组员的水平均衡分配，每个小组确定一名小组长。每位学生都有一张“英悦”歌曲表演之星评价表（见表 5-19），通过此评价表，可以及时记录和反馈学生英语歌曲学习和表演的情况。

表 5-19 “英悦”歌曲表演之星评价表

姓名:________ 小组:________

歌曲名称	教师评价							家长评价 听唱次数（一周）		小组评价		
	语音语调	声音洪亮	吐字清晰	音准节奏	熟练流畅	肢体动作	表现力	听	唱	学唱认真	积极主动	小组合作演唱
The Show												
歌曲 2												
歌曲 3												
歌曲 4												
……												

评价表使用方法说明：

1. 各栏目用 A、B、C 三个等级评价。
2. 每节英语课或课后练习，由组长和家长在相关的栏目中进行评价。
3. 组长每周检查本组同学和家长的评价情况。
4. 教师每月进行一次总评。

（三）表格使用考核标准

1. 教师评价考核标准（见表 5-20）。

表 5-20 英语歌曲表演教师评价考核标准

项目	等级	评价标准
语音语调	A	歌曲演唱语音语调纯正，标准
	B	歌曲演唱语音语调比较纯正，基本标准
	C	歌曲演唱语音语调不纯正，欠标准
声音洪亮	A	歌曲演唱声音洪亮
	B	歌曲演唱声音比较洪亮
	C	歌曲演唱声音不够洪亮
吐字清晰	A	歌曲演唱吐字清晰
	B	歌曲演唱吐字比较清晰
	C	歌曲演唱吐字不清晰

续上表

项目	等级	评价标准
音准节奏	A	歌曲演唱能准确把握旋律，有非常好的音准，节奏感强
	B	歌曲演唱基本能跟上旋律，音准较好，节奏感一般
	C	歌曲演唱跟不上旋律，音准和节奏较弱
熟练流畅	A	歌曲演唱熟练流畅
	B	歌曲演唱比较熟练流畅
	C	歌曲演唱不够熟练流畅
肢体动作	A	歌曲演唱与肢体动作配合得体恰当
	B	歌曲演唱与肢体动作配合比较得体恰当
	C	歌曲演唱无肢体动作
表现力	A	歌曲演唱富有台风和强烈的表现力，并富有感染力
	B	歌曲演唱比较富有台风和表现力，比较有感染力
	C	歌曲演唱没有台风和表现力，没有感染力

2. 家长评价考核标准（见表 5−21）。

表 5–21　英语歌曲表演家长评价考核标准

项目	等级	评价标准
听唱次数	A	听唱次数每首歌曲达到 10 次以上（包含 10 次）
	B	听唱次数每首歌曲在 5～10 次之间（包含 5 次）
	C	听唱次数每首歌曲为 5 次以下

3. 小组评价考核标准（见表 5−22）。

表 5–22　英语歌曲表演小组评价考核标准

项目	等级	评价标准
学唱认真	A	上课学唱认真
	B	上课学唱比较认真
	C	上课学唱不认真
积极主动	A	上课学唱积极主动
	B	上课学唱比较积极主动
	C	上课学唱不积极，不主动
小组合作演唱	A	歌曲演唱配合度高，有默契，表演流畅自然
	B	歌曲演唱配合度一般，默契不够，表演欠流畅自然
	C	歌曲演唱配合几乎没有默契，表演生硬

【实训案例5-8】

角色扮演

英语角色扮演教学有利于培养学生综合运用英语的能力，英语角色扮演给学生提供真实的交际情景来运用最近掌握的语言，使旧的知识在表演中得以重现，新的知识在应用中得以巩固。角色扮演活动能为学生打下坚实的语言基础，能让他们正确地运用语言。

一、角色扮演形成性评价活动设计

（一）设计意图

这种评价形式可以让家长和教师清晰地看到学生一个阶段角色扮演活动开展的学习表现情况。同时通过系统性的评价方式，也可以极大地激发学生学习英语的兴趣，促进小组合作学习，创造全员参与的课堂，使其深受学生的喜爱。它既让“角色扮演”教学模式更好地运用于英语课堂教学，又让学生在愉悦的氛围中学习和应用英语，从而达到学以致用的效果。

（二）操作方法

首先把全班分成若干个小组，每个小组确定一名组长，小组长由小组组员自行选举产生。每个学生都有一张英语角色扮演 Role Play 评价表（见表5–23），每个阶段学生的角色扮演活动开展情况都能在表中具体显示出来。

表 5–23　英语角色扮演 Role Play 评价表

班级:＿＿＿＿＿＿＿＿　　姓名:＿＿＿＿＿＿＿＿

项目	小组评			教师评			
节目类型	演前准备	排练参与度	合作配合度	语音语调	流利程度	合作配合	表演效果
表演课文对话							
改编对话表演							
自编对话表演							
戏剧表演							
绘本表演							
总评	最佳表演奖						

评价表使用方法说明：

1. 各栏目用 A、B、C 三个等级评价。
2. 每次英语课开展角色扮演活动后，小组成员在相关的栏目中进行组内互评。
3. 教师每次都检查同学们的表演并进行评价。
4. 教师每月进行一次总评，可评选最佳表演奖、最有潜质奖等。

（三）评价表使用考核标准

1. 小组评价考核标准（见表5-24）。

表5-24　角色扮演小组评价考核标准

项目	等级	评价标准
演前准备	A	表演前组员花了充足的时间积极练习所用的语言
	B	表演前组员花了很少的时间练习所用的语言
	C	表演前组员几乎没有花时间练习所用的语言
排练参与度	A	认真听取组员的意见，同时敢于提出自己的大胆设想或看法
	B	能听从组员的安排，积极参与节目排练，但比较少发表自己的看法
	C	经常缺席小组排练，不积极参与表演
合作配合度	A	小组合作非常有默契，能很好地融入表演角色
	B	小组合作默契一般，能顺利完成表演
	C	小组合作没有默契，表演效果差

2. 教师评价考核标准（见表5-25）。

表5-25　角色扮演教师评价考核标准

项目	等级	评价标准
语音语调	A	语音准确，语调高低起伏，语言清晰流畅，声音洪亮
	B	语音语调基本标准，感情表达效果一般
	C	语音语调欠标准，音量偏低
流利程度	A	脱稿表演，语言表达自然流畅
	B	脱稿表演，但不够熟练，有停顿
	C	不能脱稿表演，台词表达生硬
合作配合	A	小组合作配合度高，有默契，表演流畅自然
	B	小组合作配合度一般，默契不够，表演欠流畅自然
	C	小组合作配合几乎没有默契，表演生硬，无感情
表演效果	A	表演自然得体，动作恰当，节奏张弛有度，贴合思想感情的起伏变化，有感染力
	B	表演较为自然大方，动作设计合理，情感表达一般，有感染力
	C	表演基本自然，动作较少，情感表达不到位，不具有感染力

第六章 基于主题的单元整体教学设计与实训

《义务教育英语课程标准（2022版）》在教学建议中指出：教师要把落实立德树人作为英语教学的根本任务，准确理解核心素养的内涵，全面把握英语课程的育人价值。传统的单课时的设计理念和思路已经不能适应新时代英语课程学习的要求，单元整体教学将成为培养英语课程核心素养的重要抓手。教师要以单元整体教学目标为统领，组织各语篇教学内容，规划系列教学活动，实施单元持续性评价，引导学生在学习过程中逐步建构对单元主题的认知，发展能力，形成素养。时代在发展，观念在更新，作为教育人，要不断更新自己的教育教学观念，不断提升自己的教育教学水平是我们育人的根本。为了实现新课标所提出的立德树人的育人目标，我们尝试基于主题，进行单元整体教学设计。本章将结合PEP小学英语教学案例，从单元整体教学的原则、流程等方面阐述了一线教师可以如何进行文本解读、语篇重构、教学设计等，从而把单元整体教学落到实处。

第一节　基于主题的单元整体教学设计的原则及对教师的新要求

一、基于主题的单元整体教学设计的原则

单元整体教学是指以单元主题为主线，用情境把教学内容进行衔接，使零散的内容有一个整体感以后，再分课时围绕单元主题开展教学。王蔷教授指出，单元整体教学是指内化于心、外化于行的观念，比如对家庭的认识、对自然的认识、对某一主题反复深化的认识。由于教育是会留下印记的，具有网状性、互联互通性、抽象性等特点，因此，基于主题的单元整体教学设计除了要求设置情境以外，还需要教师有较强的解读文本、分

析文本和重构文本的能力。教师要基于课程标准，围绕特定主题，深入解读、分析、整合和重组教材等教学资源后，结合学习主体的需求，搭建起一个由单元大主题统领、各语篇子主题相互关联、逻辑清晰的完整教学单元，这一个教学单元的学习内容无论是从知识结构还是文本体裁等方面来看，都有可能是基于原有教材，但是又高于教材的。教学能够围绕一个完整的单元主题设定目标，引导学生通过对不同单一语篇小主题的学习和提炼，并建立关联，达成该单元主题。在单元整体教学设计的时候，我们要遵循以下的教学原则。

（一）以生为本的原则

教学无论如何改革，有一点是不变的，那就是学习的主体始终是学生。我们在进行大观念设计的时候，要从学生的实际学情出发，而不是单纯地从教学本位出发。我们现在很多地方的孩子都是从幼儿园或者一年级就开始学习英语的，而我们的 PEP 教材或者其他一些版本的教材起点却是三年级。因此，我们在进行单元设计的时候就要对学情进行精准的横向和纵向分析。横向分析是指在本单元的学习当中，分析各个课时之间的关联；而纵向分析则是从孩子的学习水平出发，分析他 / 她在过去、现在和未来在这个相关主题中已经学过了什么，现在准备学习什么内容，将来会学习什么内容。除了知识层次以外，我们还要对学生的相关生活经验或体验进行分析。如在分析 PEP《英语》六年级上册 Unit 2 Ways to go to school 的学情的时候，我们可以从以下 3 个方面进行分析。

1. 学生已有的认知水平

本课的授课对象是六年级的学生，年龄在 11 ~ 12 岁，学生具备一定的分析和概括能力，能在教师的引导下，对文本进行初步的梳理，对叙述的逻辑结构进行一定的提炼。同时，经过三年 PEP 教材的学习，学生对 PEP 教材的版块设计比较熟悉，有较好的英语学习习惯。

2. 学生已有的知识储备

学生在前三年的学习当中，已经学习了颜色、频率副词、地点、方位、如何给建议等与本单元相关的内容，具体情况如图 6–1 所示。

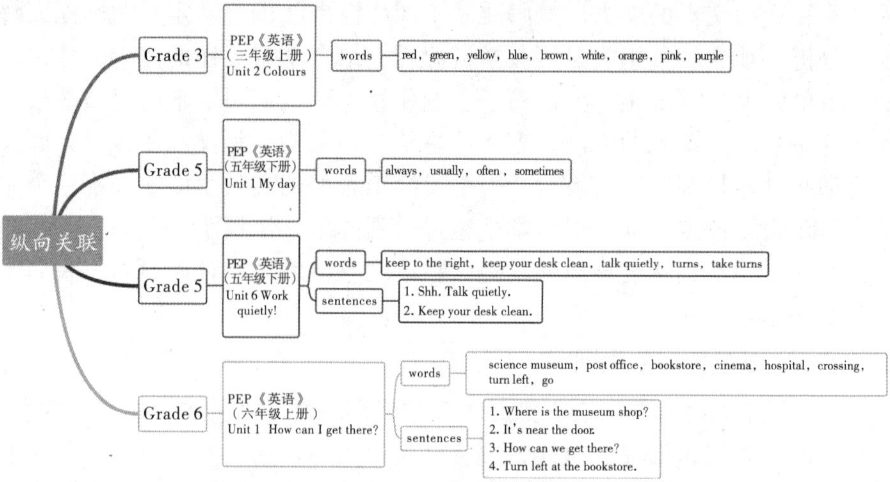

图 6－1 学生知识储备

3．学生相关的生活经验

本单元的主要内容是交通方式、交通规则和出行建议，与学生的生活密切相关，六年级的孩子基本上都有坐公交车、踩自行车、坐地铁、坐飞机等出行的生活经验，对交通规则有一定的认识。另外，学生还通过国家安全学习平台，学习到了很多出行的安全知识，这对本单元的学习将是非常有益的补充。

（二）整合性原则

单元整体教学是以单元教学内容为依托，在充分考虑教材内容、教学活动、课程资源的基础上，进行全盘考虑的教学，要求教师以一个单元或者一个主题作为教学的基本单位，从整体出发，统筹安排。教师不仅需要重视教材、素材、学生实际的关联研究和结构设计，注重年段、单元、课时、环节之间的顶层设计；还要根据单元大观念和课时小观念，对教学语篇进行增加、删减、补充等，对整体课时和独立课时进行统筹安排，构筑基于主题的单元整体教学新布局。如在 PEP《英语》（六年级上册）Unit 2 Ways to go to school 这个课时的整体设计中，我们可以通过以下方式整理单元的内容。

该教学单元的授课时长为 6 个课时，分别涉及 6 个小语篇和 3 个小主题，主题分别是 go out in an easy way，go out in a safe way，以及 go out in a green way。通过以上 3 个小主题的学习，孩子们能够用英语谈论上学、外出等交通方式；能够谈论交通规则；了解到不同国家的交通标识和交通规则；能给同伴提出安全出行的建议；能了解环保出行的意义和方式，从而学会选择最适合的交通出行方式。在 A 部分（第一、二课时），主要学习交通方式的表达以及如何询问他人出行的交通方式及回答；在 B 部分（第三至第五课时），在继续学习问路的基础上，了解欧美国家骑自行车的注意事项，了解不同的交通规则、交通警示标志和这些标志出现的场所。通过阅读让孩子们了解4个不同地方几种不同的出行方式，学生能够根据这几种不同的上学方式提出安全建议。在C拓展阅读部分（第六课时），通过阅读绘本 *Lorna Is Upset* 让孩子们了解到环保出行的概念并学会选择合适的交通出行方式。本单元的6个语篇从不同视角谈论规则，单元内各语篇与单元主题之间，以及各语篇之间都相互关联，构成3个小主题，即"go out in an easy way—go out in a safe way—go out in a green way"，最终凸显单元的主题意义："A better way，a better life."

（三）育人性原则

《义务教育英语课程标准（2022年版）》指出立德树人是我们的根本任务，我们要以习近平新时代中国特色社会主义思想为指导，以培养有理想、有本领、有担当的时代新人为出发点和落脚点。学习和运用英语有助于学生了解不同文化，比较文化异同，汲取文化精华，逐步形成跨文化沟通与交流的意识和能力。学科的育人功能通常在教学目标中就要体现出来，这样在教学实施的过程中，学生才可以沿着既定的目标前行，才可以达到语言知识、学习能力、文化意识、思维品质全面的发展。如在PEP《英语》（六年级上册）Unit 2 Ways to go to school这个单元的学习中，可以设定如下教学目标。

（1）通过学习、感知不同的交通方式，获取有关交通规则的基本情况，形成结构化的知识。（感知与理解）

（2）通过比较不同的交通规则，评价不同的交通方式，为不同的出行方式提供出行建议，养成良好的出行习惯。（实践与应用）

（3）通过小组合作，阅读重构文本，梳理和概括几种安全出行和绿色出行的建议的表达，形成结构化的逻辑思维；引导学生联系自己的实际生活，完成从读到写的提升。（迁移与创新）

从以上教学目标当中，我们可以发现，为不同的出行方式提供建议，养成良好的出行习惯、绿色出行等育人的元素在单元内容中体现得很充分。

二、基于主题的单元整体教学对教师的新要求

传统的以知识和经验为本位的教学观已远远不能满足现在的教育教学需要，作为新时代的教师，我们应该具备哪些新的本领，才能适应新的教育发展形势呢？

（一）教师要有分析文本、解读文本的能力

目前很多教材都是语言本位的，作为教师，我们应该如何透过语言的本质，挖掘语言背后的育人价值？这就要求我们教师要有解读文本和分析文本

的能力。王蔷教授建议我们在解读文本的时候，可以采用 what、why、how 这 3 个维度去分析文本。what 指的是语篇的主旨大意、主要内容；why 指的是作者想通过语篇表达什么样的情感，其写作目的是什么；how 指的是作者是怎么表现情感和主题的。让我们一起来看看 PEP《英语》（五年级下册）Unit 6 Work quietly！第三课时 Rules in the library 的文本解读。

【What】这是一个日常生活的对话文本，主要讲述 Tom 和 John 在图书馆的经历，他们谈论了在学校图书馆要遵守的行为规范。

【Why】通过本课时的学习，让学生能认识到图书馆里要遵守的规则，从而树立在学校要遵守校规的规则意识，并养成良好的行为习惯。

【How】本对话使用的是一般现在时，主要学习祈使句的使用，句式简单，核心句子是："Quiet，please! No eating! Talk quietly. Keep your desk clean."

（二）教师要有重构文本的能力

文本重构是基于教材和学习对象的原有知识水平把教学内容重新组合的过程。我们之前提过，我们的孩子很多是从一、二年级开始学习英语的，但是 PEP 教材或者其他一些版本的教材是从三年级起步，所以我们可以基于学情，对原有的文本进行增加或补充。重构文本的呈现形式可以是对话、篇章、微课、海报、绘本等。如在 Work quietly！第三课时 Rules in the library 的学习中，我们就可以在原有的对话语篇的基础上，加上以下的微课语篇，训练孩子们看的能力。

Follow school rules

Hello，children. Do you know these rules？Let's go and have a look.

Don't eat in the library.

Don't drink in the library.

Don't sing and dance in the library.

Please talk quietly.

Please walk quietly.

Hey，boys and girls.

Keep the desk clean.

Hey! Boys and girls.

Keep to the right!

Let's follow the rules. Enjoy your school life.

（三）教师要有不断学习、不断更新教学观念的能力

教师是一种特殊的职业，这一种特殊性源于我们的教学对象是千变万化

的孩子。当今的学习途径有很多，我们的课堂不再是我们的孩子学习的唯一途径，网络、自媒体等的发达，鞭策着我们要不断学习、不断更新教学方法、不断更新教育教学观念。疫情期间，学生学习方式的变更更是给了我们变革的一个契机，我们要走在学生变化的前面，通过线上线下的学习更好地充实自己，以便可以更加自如地面对新形势下立德树人的教学新方式。

基于主题的小学英语单元整体教学，对教师解读文本、精准定位教学目标、精心设计教学都提出了要求。在解读文本方面，教师可以用 what、why、how 这 3 个维度去研读文本和挖掘文本的内涵。另外，教师要有非常强的整合文本内容的能力，要根据单元主题和课时子主题，确定好语篇，设计好教学活动，从而使学生在语言知识、学习能力、文化意识、思维品质方面全面发展。

第二节　基于主题的单元整体教学设计的流程

我们在进行单元整体教学的时候，教学设计要体现逻辑性，要深入思考每个教学内容之间的逻辑联系，对教材不同部分进行整合，还要注意对学生的评价。笔者根据自己和团队成员的实践，探索出了以下的设计流程。

一、分析单元内容，明确单元主题

单元主题是我们整个单元整体教学的核心，只有明确了主题，才能进行下一步的内容教学。我们要立足学科整体高度，从具体内容出发，分析和挖掘具体内容背后的主题，并以此来梳理相关内容，形成有意义关联的结构化的知识整体，进行单元整体教学。我们在分析单元内容的时候，首先要明确单元的主题，然后确认它是属于哪一个主题群中的哪一个小项，再对教学内容和教学资源进行横向、纵向的分析，挖掘主题的内涵。如在 PEP《英语》（五年级下册）Unit 6 Work quietly！这个单元的学习中，我们通过分析，“人与社会”范畴的“社会服务与人际沟通”主题群，子主题内容是“班级与学校规则，规则意识”。在主情境图中，通过孩子们分别在教室上课和在餐厅排队的情景，呈现出本单元要学习的主要语言知识以及其语用环境，拉开了本单元学习的序幕。接下来的单元教学内容主要包括 6 个主语篇，话题分别是 Rules in the zoo、Rules in the daily life、Rules in the library、Rules in different classes、Rules in the exhibition，以及 More rules in public places。基于学情，我们对各文本进行了重构，并增加了一本与第 6 个语篇有着相同主题的绘本 *There should be some rules*。通过对单元情境和 6 个主语篇内容的分析，我们确定了单元的主题是“Follow the rules，enjoy our life”，即“人人守规则，社会更和谐”。

二、确定子主题，合理划分课时

单元主题确定以后，我们就要划分课时，每个课时应该围绕单元主题和子主题展开。课时之间既相对独立，又紧密相连，体现出从学生认知发展角度由浅入深的层次关联。Work quietly！的单元主题是“Follow the rules，enjoy our life”（人人守规则，社会更和谐）。我们通过对单元主题和 6 个主语篇内容的分析，梳理和提炼出子主题：Know the rules—Obey the rules—Remind others to obey the rules，从而培养学生从知晓规则、遵守规则和提醒他人遵守规则这 3 个层面的“人人守规则，社会更和谐”的规则意识。在 6 个课时中，学生通过 6 个语篇的学习，从不同层面、不同视角谈论规范和规则，从而懂规则、守规则、设计规则。各语篇与单元主题之间，以及各语篇之间都相互关联，使语言学习渗透在主题意义探究和单元主题的建构之中。单元主题和子主题之间的具体关系和课时划分见图 6-2。

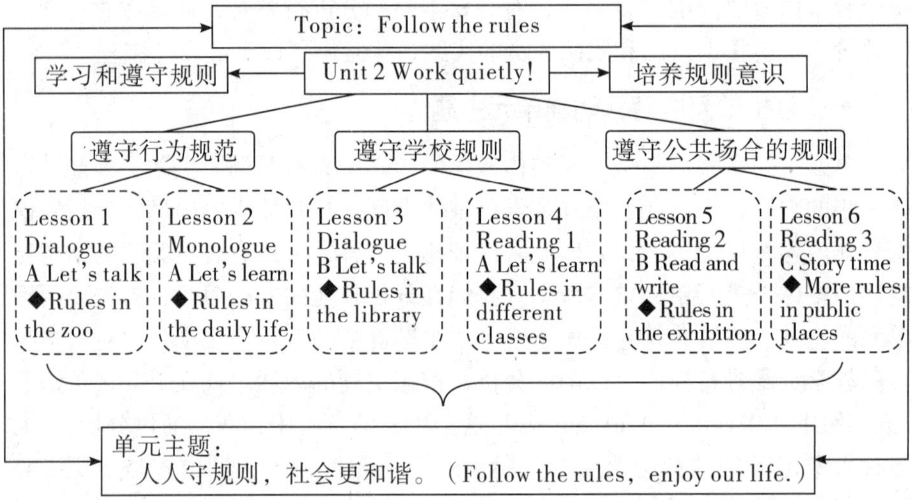

图 6-2　Work quietly！的单元主题和子主题

三、制定单元目标

我们在制定单元目标的时候，要根据我们的单元主题和课时子主题，设计多元性的教学目标，既体现英语学科的工具性，也体现其人文性。这样既有利于发展学生的语言运用能力，又有利于发展学生的思维能力，从而全面提高学生的人文素养。Work quietly！的单元目标如表 6-1 所示。

表 6–1　Work quietly! 的单元目标

项目	单元教学目标	语篇及课时
遵守行为规范（个人层面）	能够运用所学的现在分词描述自己或他人正在进行的动作；能够运用所学的日常生活的规则来规范自己的行为	语篇一：对话 Rules in the zoo 语篇二：图文阅读 Rules in the daily life （2 课时）
遵守学校规则（学校层面）	能够通过学习梳理出学校的规则，并能在不同的场景中，通过讨论总结出学校规则并落实到行动中，遵守校规；对于学校中不规范的行为能够提出关于行为规范的建议	语篇三：对话 Rules in the library 语篇四：图文阅读 Rules in different classes （2 课时）
遵守公共场合的规则（社会层面）	通过学习和梳理展览馆和电影院等公共场合的规则，以及阅读机器人展览馆里的配图故事和电影院里的绘本故事，认识到只有人人都遵守规则，社会才能更和谐	语篇五：图文阅读 Rules in the exhibition 语篇六：绘本阅读 *There should be some rules* （2 课时）

四、细分课时目标

单元目标是我们教学活动实施的方向和预期达成的结果，是教学活动的出发点和最终归宿。制定好单元目标后，我们要根据整体性、阶段性、持续性、层次性和递进性的原则，细分课时目标，确定达成课时目标的载体——语篇。Work quietly! 的课时目标如表 6–2 所示。

表 6–2　Work quietly! 的课时目标

课时	课时目标	语篇
第一课时	Learn about the animals' activities in the zoo and know about the rules in the zoo. 从 what、where 2 个维度学习和谈论动物的活动，了解动物园里应遵守的规则	主语篇一： A Let's talk
第二课时	Learn about a student's day and keep a healthy life. 从 what、where、when 3 个维度学习和谈论学生的一天，了解健康的日常生活要遵守的规则	主语篇二： A Let's learn
第三课时	Learn about the rules in the library. 从 what、where、how long 等维度谈论和学习图书馆的规则	主语篇三： B Let's talk

续上表

课时	课时目标	语篇
第四课时	Learn about the rules in the classroom. 从多个维度去梳理概括教室的规则要求，并给出正确的建议，做一名优秀的学生	主语篇四： B Let's learn
第五课时	Talk about the activities of the robots and rules in the exhibition. 谈论展览馆里机器人正在进行的活动，以及看展览时要遵守的规则，享受参观的乐趣	主语篇五： B Read and write
第六课时	Follow the rules in public places, and enjoy our life. 通过绘本阅读，谈论不同的公共场合中要遵守的规则，从而得出遵守规则、快乐生活的感悟	主语篇六： C Story time/ 绘本

五、以单元主题为逻辑主线，确定教学语篇

一切教学行为都是从目标开始的，最终也是以是否达成教学目标作为检测一节课是否成功的标准。围绕着教学目标，我们要选择适当的教学内容，确定好合适的教学语篇，并通过合适的方式和方法进行教学。在确定语篇的时候，我们可以对教材当中出现的语篇进行适当的补充、增加或者删减。

（一）补充语篇

在 Work quietly！的第一课时中，教材原有的文本是一段参观动物园的对话，主要内容是 Mike 和 Chen Jie 参观动物园时谈论动物的行为。但是我们的教学目标还有一个，就是在动物园要遵守的基本规则，原来的语篇是达不到这个教学目标的，因此我们对原来的语篇进行了补充。我们来看看原来的语篇和补充后的语篇。

原来的语篇：

Chen Jie： Look at the pandas.

Mike： What are they doing?

Chen Jie： Haha. They're eating lunch!

Mike： They are so cute.

Chen Jie： Oh, yes! They like bamboo.

Mike： What's the little monkey doing?

Chen Jie： It's playing with its mother!

Mike： Do you see any elephants?

Chen Jie： Yes! Look there! The elephant is drinking water.

补充后的语篇：

Chen Jie: Look at the pandas.

Mike: What are they doing?

Chen Jie: Haha. They're eating lunch!

Mike: They are so cute.

Chen Jie: Oh, yes! They like bamboo.

Mike: What's the little monkey doing?

Chen Jie: It's playing with its mother!

Mike: Do you see any elephants?

Chen Jie: Yes! Look there! The elephant is drinking water. Look at the giraffes.

Mike: What are they doing?

Chen Jie: They are eating lunch.

Mike: Can I feed them?

Chen Jie: No, you can't. Look at the sign. No feeding here.

Mike: Oh, I see. Look at those tigers. They are sleeping.

Chen Jie: Yes. Do not stand, sit, climb or lean on the fence.

原来的语篇只是交代了情境，说明了孩子们去到动物园看到了什么动物，并且谈论了动物正在干什么。我们补充了 giraffe 和 tiger 这 2 种动物园里常见的动物，让学生不仅学会询问和表达某人或动物正在做什么，并认识到在动物园参观时要遵守的行为规范，例如不要随意喂食，不要倚靠、敲打和攀爬玻璃或护栏，以免惊吓动物。这样的补充比较合理，也使教学内容更加丰富，课时子主题的落实水到渠成，为单元主题的达成做好了铺垫。

（二）增加语篇

在第二课时中，教材原有的是图片语篇，内容是通过 Amy 和 Wu Yifan 的对话描述 Chen Jie 一天当中不同时间点正在进行的活动。原来的语篇也是着重于语言知识层面，不足以支撑并达到预先设定的教学目标：从 what、where、when 3 个维度学习和谈论学生的一天，了解健康的日常生活要遵守的规则。因此，我们在原有的图片语篇的基础上，增加了 2 个文段语篇。

语篇一：

Chen Jie is busy but happy every day. She took a video about her day. Amy and Yifan are watching her video.

Amy: Look! It's 7:30 p.m. Chen Jie is doing morning exercises.

Yifan: She's having an English class now.

Amy: What time is it?

Yifan: It's 9:00 a.m.

Amy: Look! Chen Jie is eating lunch at 11:30 a.m. She's eating lunch at home.

Yifan: What is she eating?

Amy: She's eating fish and rice.

Yifan: What's she doing now?

Amy: She's reading a book. She likes reading very much.

Yifan: Look! It's 7:30 p.m. What's Chen doing now? Is she sleeping?

Amy: No, she isn't. She's listening to music.

这个语篇着重于从 what、where、when 3 个维度学习和谈论 Chen Jie 的生活，既结合了原来的图片语篇，又从语言学习的角度对图片进行了补充。那么健康的日常生活要遵守哪些规则呢？我们可以增加第二个语篇。

语篇二：

Early to bed and early to rise. It's good for us to keep a healthy life. Look at the album of my daily life. It's 6:00 a.m. I am doing morning exercises. What am I doing at 9:00 a.m.? I am having an English class. It's so much fun. I can sing and play games in the class. But I can't speak Chinese in it. It's 11:30 a.m. I am eating lunch at home. My favourite food is fish. It's fresh and healthy. I am reading a book at 4:00 p.m. Reading can make me smart. Then, I am playing ping-pong with my friend at 4:30 p.m. After doing my homework, I am listening to music at 7:30 p.m. I go to bed at 9:30 p.m. We should sleep on time! I really enjoy my wonderful daily life.

这个语篇是在图片语篇和对话语篇的基础上补充的文段语篇，重点在于体现健康的生活态度：早睡早起、劳逸结合、健康饮食等。

语篇是我们教学过程中一个非常重要的载体，语篇的内容和形式会影响学生的学习兴趣和思维高度。选择合适的语篇，有助于学生理解学习信息，整理学习脉络，加工学习内容，运用所学知识。

六、进行单课时学生活动和评价活动

课堂教学是我们学习的主阵地，如果说之前确定单元主题和课时子主题、明确教学目标、确定教学语篇是为孩子们的学习搭好了框架，做好了顶层设计，那具体每个课时的教学则是搬砖的过程。我们要通过具体的活动设计和评价活动，让顶层设计的理念与实际衔接，并结合语篇结构化知识和学情，设计出具有关联性、递进性和系统性的教学过程。

不管是哪种课型，我们都可以把课堂分为三个部分：Pre-learning、While

learning、Post learning。我们可以根据每个部分的特点及其跟教学目标之间的关系，设计相应的教学活动。

（一）Pre-learning，热身导入

引导学生运用旧知探索新知，可加深学生对知识的理解，沟通新旧知识的内在联系，从而使学生达到事半功倍的学习效果。因此，在每一节课正式进入主题学习之前，我们都要激活学生已有的知识储备和生活经验，充分做好学习前的准备。激活旧知方式有很多，我们可以采用歌曲、游戏、概念图、视频播放、观看微课、师生对话等方式，让学生回忆旧知。让我们看看 Work quietly! 的 6 个课时当中，可以采用什么方式导入新课（见表 6-3）。

表 6-3　Work quietly！导入新课的方式

课时	导入方式	教学意图
第一课时	歌曲：What are you doing?	通过歌曲热身引入现在进行时，复习一些动词及其现在分词，让学生了解现在进行时；再通过设置情境和提问，为下面教学做铺垫
第二课时	游戏：Stand up and say	通过游戏热身复习现在进行时，让学生了解现在进行时；再通过看图复述第一课时的情境，巩固旧知，为下面激活新知做铺垫
第三课时	歌曲：Follow the rules	歌曲的主题和单元主题契合，体现了每个课时的递进性
第四课时	视频：*Rules in the zoo*	通过动物园的宣传视频，复习上一课时关于 Rules in the zoo 的知识，引出 rules are everywhere，并且过渡到本课 Rules in the classes
第五课时	概念图：What is Robin like?　What can Robin do?	通过 Robin 唤醒学生对机器人的感知，小组讨论机器人能为人类干什么，联系生活，激发学生的学习兴趣
第六课时	概念图：What rules do you know?	通过头脑风暴，让学生回顾复习本单元已学过的规则，达到巩固知识的作用，并为本节课的学习做铺垫

从表 6-3 中我们可以看到，在前面的课时当中，我们会趋向于选择动态的、形象的方式，如游戏、歌曲、微课等这些比较直观的形式激发学生的旧知，导入主题。随着主题学习的深入，我们导入旧知的方式也会逐渐转变为以学生自主思考和梳理为主，以便更好地发挥学生的主体作用，让学生积极主动地参与到课堂学习中。

（二）While learning，浸入学习

While learning 是学生学习的主要环节，在这个过程中，我们要创设相应的情境，让学生仿佛身临其境，然后设计合理的教学活动，让学生深度学习。情境的创设可以是外围环境的创设，也可以是课堂当中软环境的创设。如在 Work quietly! 这个单元的学习中，我们可以把 The rules in the zoo、The rules in the library、The rules in the classroom，以及 The rules in the cinema 等做成海报，贴在课室的宣传栏里，这样孩子们就很清晰我们这段时间要学习有关 rules 的主题。然后在课堂教学中，教师充分运用图片、视频、教师语言、学习语篇等，可以让孩子们抬头可见、触手可及、竖耳可听，完全浸入到“规则”这个主题的学习当中。另外，我们的教学活动也要遵循感知与理解、实际与应用、迁移与创新的英语学习活动观来设计。我们的每个课时、每个场所的规则意识的培养都是遵循了懂规则、守规则、设计规则这样的方式去进行的。如在第一课时中，笔者先创设了去动物园的情境，然后通过补充语篇，让孩子们能用现在进行时去谈论动物园里的动物，并了解动物园的规则——不能喂养动物、不能攀爬栏杆、不能乱丢垃圾等。最后通过提供一些不守规则的游园照片，让孩子们小组分析、讨论他们行为的对与错，最后给出建议。

（三）Post learning，拓展提升

Post learning 环节强调语言的运用，着重于提供机会让学生进行语言产出性训练，即输出教学。我们在设计 Post learning 的活动的时候，不能只关注语言的活动，还要关注学生的思想情感教育和发展学生的思维。让我们看看 Work quietly! 的 6 个课时，在拓展提升环节分别设计了什么活动，属于哪一个层次的活动，提升学生哪些方面的能力（见表 6-4）。

表 6-4　Work quietly！拓展提升环节活动设计

课时	活动设计	活动层次
第一课时	1. Look and think: Can we… at the zoo? 2. Group work: Talk about the rules in the zoo. 3. Make a new dialogue.	应用与实践：通过小组讨论，能够总结在动物园里应遵守的规则，认识到在动物园里守规则的重要性。 迁移与创新：通过小组合作创编对话，能够在情景运用核心句型 What are they doing? They are eating lunch. 询问并回答某人正在做什么
第二课时	1. Watch a video and fill in the forms about Lily's daily life. 2. Talk about our daily life and think what we should do in our daily life.	应用和实践：在语境中运用核心语言描述一天的行为。 迁移与创新：通过人物分析，讨论分析得出结论——生活要有规律，遵守小学生行为规范
第三课时	Let's make our library rules at school.	迁移与创新：设计放在图书馆的文明礼仪宣传册并把"Follow the rules, enjoy the happy life"的概念传递给身边的人
第四课时	Let's make our classroom rules.	迁移与创新：能够根据自己的实际，制作出班级规则标语，并且能够对注意事项进行述说
第五课时	Design your dream robot and talk about it.	迁移与创新：设计自己梦想中的机器人
第六课时	1. Think and discuss the rules in different places. 2. Write down the rules.	迁移与创新：能够为不同的地方或场合写出规则，从而习得写作技巧

从以上的活动设计中，我们可以看到，在 Post learning 环节，我们要在文本与文本、文本与自我、文本与社会之间建立联系，从而培养学生迁移和创新使用语言的能力。

【实训案例 6-1】

PEP《英语》四年级下册

Unit 6 Shopping

一、模块整体教学总目标（见表 6-5）

表 6-5 模块整体教学总目标

<table>
<tr><td>教学内容分析</td><td>本内容选自 PEP《英语》四年级下册 Unit 6 Shopping，该单元主题属于“人与自我”主题语境下的“做人与做事”主题群，子主题内容是零用钱的使用，合理消费，节约意识。根据对单元主题和主要语篇内容的分析，确立单元主题为：“Shopping in need is shopping indeed.”（根据需要，合理消费）即通过本单元学习，让学生树立“根据需要，合理购物”的购物和消费观念。
主情境图通过 Sarah 和妈妈在商场购物的情景，呈现出本单元要学习的主要语言知识及其语用环境，拉开了本单元学习的序幕。三个单元教学板块主要包括 6 个主语篇，主题分别是 Buy shoes，Buy daily supplies，Buy clothes，Talk more about clothes，On sale，以及 Story time 里的 Zoom，the salesperson。
基于学情，我们对各文本进行了重构，并增加了与本单元主题相关的绘本 Sara's medicine。基于以上分析，梳理各语篇的子主题，提炼出三个小观念，即 what to shop—how to shop—where to shop。通过再构的 6 个语篇建立大小主题之间的显性关联，使它们最终指向单元主题“Shopping in need is shopping indeed.”的建构。

单元主题内容关联图</td></tr>
<tr><td>教学对象分析</td><td>四年级的学生具备一定的分析、概括和阅读能力，能在教师的引导下，对文本进行初步的梳理，有较好的英语学习习惯。在知识储备方面，学生已经学习了关于衣物、数字的内容，并对如何询问物品价格及表达自己的需求有了初步的知识体验。学生对于此主题下的生活经验，表现在日常生活中线下购物和线上购物的体验</td></tr>
</table>

续上表

教学目标	通过本单元学习，学生能够： 1. 学习理解，认识不同的购物方式： ◆学习梳理有关衣物的表达方式及购物时的表达用语，建构 shopping 的知识概念； ◆通过购物过程中对 what to shop，how to shop 和 where to shop 三个维度的概括与整合，形成合理消费的观念。 2. 应用实践，理解合理消费的重要性： ◆对比购物时不同的需求，来描述与阐释自己的需求和喜好； ◆通过阅读不同的活动海报，分析其促销方式和性价比，从而选出合适自己的物品； ◆阅读绘本 *Sara's medicine*，交流和分享自己的购物经历。 3. 迁移创新，形成理性消费的意识： ◆根据个人喜好，选择不同的促销模式来制作海报，激发学生理性消费的意识
教学重难点	1. 能够在语境中运用所学的语言进行购物。 2. 能够对商品的特点和价格等进行对比和评价，根据需要消费
教学策略	1. 创设语境，让学生在情景中描述和评价商品，并根据需要进行购物。 2. 通过任务设置，引导学生通过合作学习，完成任务。 3. 重构文本，利用多模态资源，利用图片、微课、拓展文本等方式，丰富学生的语言体验
单元语境	

续上表

单元任务

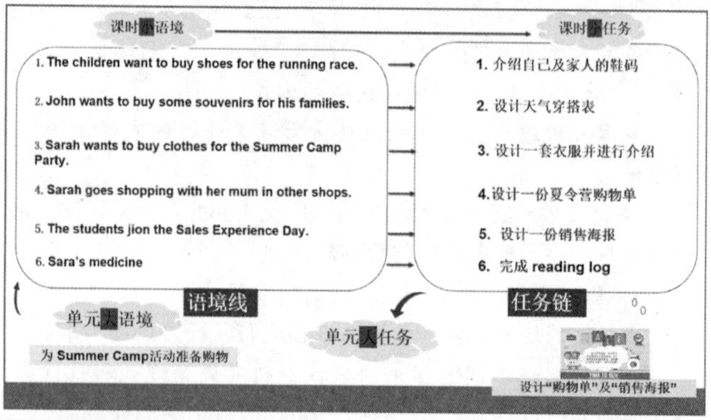

单元课时安排

课时安排及目标

课时	课时目标	语篇
第一课时	Know what you need to buy and talk about the size of goods. 初步了解并感知购物用语，学会谈论物品的尺码。	主语篇一：A Let's talk
第二课时	Know more what you need to buy according to different kinds of weather. 学习并掌握更多关于衣物的词汇，并能根据不同的天气去选择所需要购买的衣物。	主语篇二：A Let's learn
第三课时	Know how to choose suitable goods according to prices and own needs. 学习并掌握询问价格的句型，并能结合其价格和个人需求进行合理选择。	主语篇三：B Let's talk
第四课时	Know more about how to choose suitable goods in more aspects, such as appearences, functions. 学习描述衣物的外观、特点及功能，根据这些维度来选择适合自己的衣物，并理解合理消费的概念。	主语篇四：B Let's learn
第五课时	Know where we can shop better goods in more convinient ways. 以宣传海报的形式让学生感知并了解多种购物方式，进而形成正确的消费价值观。	主语篇五：Read and write
第六课时	Know about shopping tips before shopping, during shopping and after shopping, then makes shopping better. 以绘本阅读的形式，说明注意细节，能够使购物更加美好。	主语篇六：*Sara's medicine*

二、模块整体教学课时划分安排表（见表 6–6）

表 6–6　模块整体教学课时划分安排表

课时	课型	话题	教学内容
1	听说课	Shop things by size	A Let's talk & Let's play（P58）
2	听说课	Shop things by weather	A Let's learn & Complete and say（P59）
3	听说课	Shop things by prizes in a reasonable way	B Let's talk & Let's act（P61）
4	听说课	Shop things from more aspects	B Let's learn & Let's play（P62）
5	阅读课	Shop things on sale	B Read and write（P63–64）
6	读写课	Shopping tips	绘本 *Sara's medicine*

三、分课时教学设计

第一课时 Shop things by size 的教学设计如表 6-7 所示。

表 6-7　第一课时教学设计

<table>
<tr><td>授课内容</td><td colspan="2">PEP《英语》四年级下册 Unit 6 Shopping A Let's talk</td></tr>
<tr><td>教学内容分析</td><td colspan="2">【What】文本是 John 和他妈妈在鞋子店买鞋时和售货员之间的一段对话，主要内容是 John 在试穿鞋子时和妈妈及售货员谈论鞋子尺码是否合适。
【Why】通过文本学习，让学生学会在购物过程中表达自己对商品尺码的需求，感知购物情境；理解对话大意；了解衣服大中小号的英语表达及中外鞋码的差别。
【How】对话文本使用一般现在时，要学习的核心句型是：Can I help you? These shoes are nice. Can I try them on? Size 6, please. Are they OK? They are too small. Let's try size 7. They are just right.</td></tr>
<tr><td>教学目标</td><td colspan="2">本课时结束后，学生能够：
1. 通过观看视频，在图片和教师的帮助下理解对话大意。（学习理解）
2. 通过模仿跟读和角色表演，能够用正确的语音、语调、意群读和演对话。（应用实践）
3. 通过小组合作创编对话，在情景中恰当运用句型 Can I try ... on? Size ..., please. 请求试穿某件衣物并告知尺码，并用 It's very/too ... / They're very/too ...，描述某物品。（迁移创新）
4. 能够结合自身实际运用语言在真实情景中进行口语交流。（迁移创新）</td></tr>
<tr><td>教学重难点</td><td colspan="2">Talk about the size of goods.
初步了解并感知购物用语，学会谈论物品的尺码</td></tr>
<tr><td>教学过程</td><td>教学活动</td><td>设计意图</td></tr>
<tr><td>Warm up & Preparation</td><td>1. Greeting.
2. Let's chant.
3. Sharp eyes.
引导学生用 This is a ... 或 These are ... 描述所看到的衣物。
4. Free talk.
引导学生根据不同天气，描述自己穿的衣物</td><td>通过歌谣热身引入与本单元主题相关的衣物单词，以及描述衣物的形容词。复习这一系列的单词和句子表达方式，为下面教学做铺垫。
复习衣物单词的单复数，并引导学生学会用不同句型描述单数和复数的衣物。
复习形容天气的句子，让学生思考在不同的天气下，应该穿什么衣物</td></tr>
</table>

续上表

Presentation & Practice	1. Lead in. It is Children's Day. Let's go to the shopping mall and do some shopping. Q1: Do you like shopping? Q2: Who do you often go shopping with? 2. Look and say. 老师展示不同的图片并播放录音，让学生说句子。 3. Watch and answer. Q1: Can John try the shoes on? Q2: What size does John want to try? 4. Check the answers. Check and explain some new words and sentences. 5. Listen and follow. 6. Role play. 7. Look and say. Q: Are they OK? A: No. They are too small. /No. They are too big. Q: How about size ...? A: They are just right. The ... is/are just right./This ... is just too .../These ... are just too ... 8. Try to know. 让学生了解在不同国家对鞋子尺码的描述也不一样。 9. Good to know. 拓展有关尺码描述的单词	创设去购物的情景。 提出问题并引导学生思考和回答。 看图并引导学生说句子，使学生融入情景中，为下面的教学做铺垫。 通过观看视频，建立文本与文本之间的联系，让学生理解对话并找到问题的答案。 听读，模仿语音语调。 引导学生学会观察图片，提炼关键信息

续上表

Consolidation & Development	1. Let's play. 通过游戏，巩固句型：Can I help you? Yes, can I try this on? Here you are. Oh, it's too big. 等等。 2. Make a new dialogue. 引导学生创编新对话，可适当增加对话内容。 3. Think and share. Q：When we are shopping clothes, what do we need to care about? 4. Moral education. Good manners in public.	在文本与文本、文本与自我之间建立联系，从而培养学生迁移和创新使用语言的能力。 在文本与生活中建立联系并进行情感教育，引导学生做一个有礼貌的顾客，并建立正确的消费观
Summary	1. Summary. 2. Finish the exercises.	
Homework	1. Try to make a new dialogue about shopping on your own. (need to do) 2. Introduce your family's shoe sizes.(choose to do)	通过创编购物对话，迁移所学的内容。 在生活中运用英语，实现英语语用功能。
Blackboard design	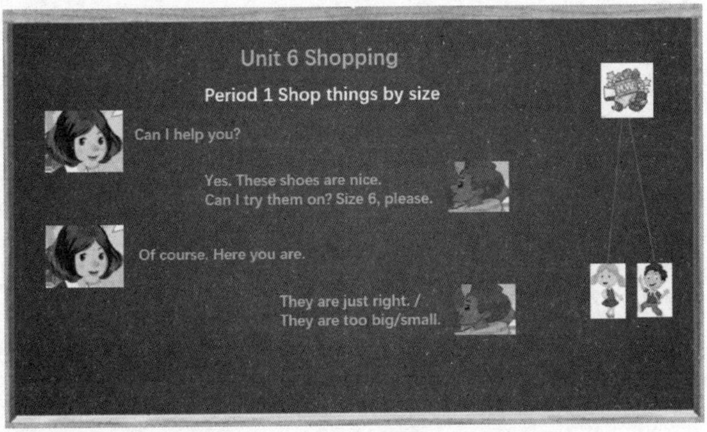	

第一课时重构文本如下：

John's old shoes are too small. He needs to buy new shoes. So, mum takes him to a shoe store.

John: Mum, look at those yellow shoes. They're cool.

Mum: Yes, they are.

Salesperson: Can I help you?

John: Yes. These shoes are nice. Can I try them on? Size 6, please.

Salesperson: Of course. Here you are.

Mum: John, are they OK?

John: They're too small.

Salesperson: Hmm. OK. Let's try size 7.

John: They're just right!

Mum: Good.

第二课时 Shop things by weather 的教学设计如表 6-8 所示。

表 6-8 第二课时教学设计

授课内容	Shop things by weather
教学内容分析	【What】阅读的文本体裁是对话，主要内容是关于 John 去一家服装店如何根据需要选择购买合适衣服的场景。 【Why】学生通过学习购买衣服时需要试穿的礼貌表达，以及不同天气状况下各种服饰的词汇和句型表达，学会根据天气需求进行合理消费，养成理性消费的观念。 【How】对话的语言信息非常精简，使用一般现在时，核心句型是: The ... is/are ... Can I try it/them on? It's ... so I put on my... It's ... so I need, ...
教学目标	在本课结束时，学生能够： 1. 通过对篇章的学习来获取更多关于衣服的内容，并能梳理概括出不同天气状况下所需穿戴的衣物，形成结构化知识（学习理解）。 2. 通过对不同天气状况下衣物的选择，进而用结构化的知识去表达自己的购物需求，内化运用语言（应用和实践）。 3. 通过小组合作讨论制作购物清单表，根据天气状况的需求这个维度去介绍自己的购物清单（迁移创新）
教学重难点	通过对不同天气状况下衣物的选择，进而用结构化的知识去正确表达自己的购物需求，内化语言运用

续上表

教学过程	教学活动	设计意图
Preparation	1. Enjoy a song：Clothes 2. Game time：What is it in the closet?	让学生回顾前面课时所学习的知识点，以旧唤新
Presentation & Practice	1. Watch and answer：A weather report John's family are going to take a trip. (1) Where will they go? (2) What's the weather like there? (3) What clothes should they take with? 2. Listen and fill：A weather report It's … in …， so I need (a/an) umbrella/sunglasses/gloves/scarf. 3. Let's chant. Umbrella，umbrella，the umbrella is nice. Umbrellas，umbrellas，the umbrellas are nice. Sunglasses，sunglasses. Can I try them on? Sure，sure. Here you are. 4. Listen and answer：What does John want to buy? 5. Watch and follow. 6. Game time：Bomb game 7. Role play. A：The … is nice. Can I try it on? /The … are nice. Can I try them on? B：Sure/Of course/OK. Here you are.	创设情境，将所授内容串成一条线来呈现，让知识点更加有逻辑性、趣味性。 通过看、听第一篇文本，梳理获取关键信息，学会重点的服饰单词及其单复数形式。 通过看、听、跟读和角色扮演第一篇文本，梳理获取关键信息，学会购物时需要试穿的礼貌表达
Consolidation & Development	1. Read and fill. Different weather，different clothes. It's sunny and hot，so I put on my … It's cloudy and cool，so I put on my … It's rainy and wet，so I put on my … It's snowy and cold，so I put on my … 2. Sum up. Different weather，different clothes. It's sunny and hot，so I put on my … It's snowy and cold，so I put on my … It's cloudy and warm，so I put on my … It's windy and cool，so I put on my … It's rainy and wet，so I put on my …	通过自主阅读获取不同的天气状况需要穿搭合适服饰的信息，为下一步自行制作购物清单活动做铺垫

续上表

Homework	1. Group work: Design a list for Amy's family's trip about shopping suitable clothes. (need to do) 2. Read more stories about shopping clothes by weather. (choose to do)	1. 通过小组合作为Amy全家人设计一份旅行需要的衣服的购物清单，有效发展学生运用英语做事情的能力，发展学生的思维能力，同时也促进学生的小组合作能力。 2. 通过自主阅读，引导学生拓展更多与本课相关的知识
Blackboard design	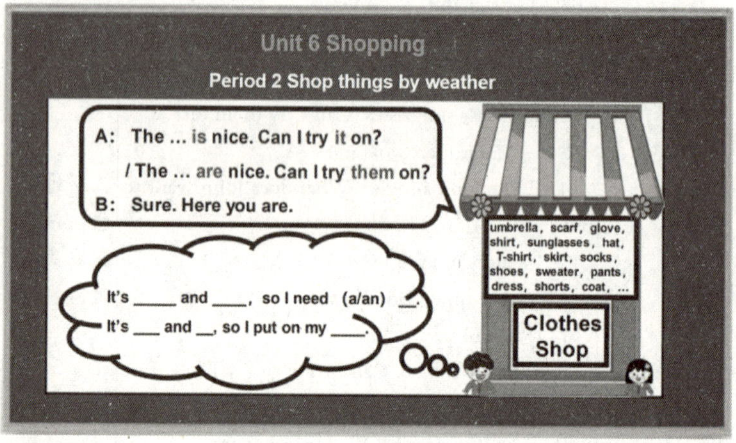	

第二课时阅读文本：

【文本一】

A weather report

Hello, everyone, this is today's weather report. It's snowy in Beijing these days. The temperature is below zero. If you stay outside, you'd better wear your coat, hat, scarf and gloves to keep warm.

【文本二】

Different weather, different clothes

It's sunny and hot today, I wear my hat and sunglasses. I can go swimming and have fun on the beach.

It's cloudy and cool today. I wear my shorts and school uniform. We go to the park and have a picnic.

It's a rainy day, so much rain. I put on my raincoat and wear my rain boots. I also take an umbrella with me. I can go out and play with my friends.

It's snowy! I put on my scarf and gloves. It's cold, but I love to play with snow.

We wear different clothes for different weather.

第三课时 Shop things by prices in a reasonable way 的教学设计如表 6–9 所示。

表 6–9　第三课时教学设计

授课内容	Shop things by prices in a reasonable way	
教学内容分析	【What】阅读的文本体裁是对话，主要是 Sarah 和妈妈在购物时的谈论用语、评论商品、询问价格并根据商品价格决定是否购买这三方面内容。 【Why】通过重构文本，对活动进行不同维度的描述，激发学生对购物的兴趣，感知合理消费的概念。 【How】通过主线参加儿童时装展，重构文本，梳理和概括出 How to choose suitable goods according to prices and our needs 的方法以及如何在生活中灵活运用	
教学目标	在本课结束时，学生能够： 1. 通过对篇章的学习来获取更多关于衣服的内容，并能梳理概括出根据性价比来购买衣物的结论，形成结构化的知识（学习和理解）。 2. 通过学习掌握询问价格的句型，并能结合其价格和个人需求进行合理选择（应用和实践）。 3. 理解对话部分的内容，灵活使用句型：How do you like this skirt? It's pretty/nice. It's cheap/expensive. 并能在实际生活中加以运用（迁移创新）	
教学重难点	结合衣服的价格、外观及质量等条件并根据自己需要购买适合的衣服，进而用结构化的知识正确表达自己的购物需求，内化语言运用	
Preparation	Enjoy a song: How much is that doggie in the window?	让学生回顾前面课时所学习的知识点，以旧唤新

续上表

教学过程	教学活动	设计意图
Presentation & Practice	1. Watch and think. T: Sarah and her friend Amy are at home. They are watching TV. What are they watching? They are watching a fashion show. Suddenly Sarah receives an invitation. Sarah needs to finish 4 tasks. 2. Finish tasks. Task 1: Let's play Task 2: Let's go shopping 场景一: Sarah and mum are going shopping. 场景二: Sarah and mum are shopping. Activity 1: How much is this dress? Activity 2: How do you like this skirt? Activity 3: Look and say. Task 3: Let's talk Activity 1: Watch and listen. Activity 2: Read and find. Activity 3: Follow and read. Activity 4: Let's chant. Activity 5: Repeat. Activity 6: Sarah chooses a cheap and nice dress. 进行思想教育	情境：Sarah 收到 Kid Show 的邀请函，但是要通过 4 个任务考验才能获得，请同学们帮助她完成任务。引起学生的好奇心，让学生快速、积极地参与到课堂来。 通过听力训练让学生知道 Sarah and her mum are shopping，然后通过图片展示她们在服装店里的情景对话，训练学生抓住人物的对话信息。 由商店购物回归到课文的学习，通过听、说、读、chant 等形式的操练过程，进一步学习本单元的核心词汇和句型。 通过情境对比，让学生明白：只买对的，不买贵的
Consolidation & Development	Let's act: Talk about "how to buy" 1. Read the whole passage and act. 2. Sarah has 50 yuan. Students help Sarah choose three things. 3. Students have 50 yuan. Talk with friends after class: How to use 50 yuan to choose three things?	通过阅读扩充的文本并以表演的形式，让学生把所学内容运用到真实的生活情景中，最后结合自身实际情况讨论，让学生懂得合理分配钱财、懂得节约
Homework	1. Make a list for shopping suitable clothes for Kid Show. (need to do) 2. Read more stories about shopping suitable goods according to prices and our needs. (choose to do)	结合自身实际情况，为自己参加 Kid Show 设计一份购物清单。 通过自主阅读，引导学生拓展更多与本课相关的知识

续上表

<table>
<tr><th>教学过程</th><th>教学活动</th><th>设计意图</th></tr>
<tr><td>Blackboard design</td><td colspan="2">
</td></tr>
</table>

第三课时阅读文本：

Sarah: Mum, the Kid Show is coming. I want to buy a beautiful skirt. Can we go shopping this afternoon?

Mum: Why not? Let's buy a beautiful skirt.

Mum: Sarah, look at this skirt. How do you like it?

Sarah: It's very pretty.

Sales: Good afternoon. Can I help you? This skirt is new arrival.

Sarah: I like this skirt. Can I try it on?

Sales: Sure. This is a small size for you.

Mum: It's really pretty. How much is this skirt?

Sales: It's $89.

Mum: Oh, that's expensive. Is there a discount?

Sales: Sorry. It's a new skirt this summer. There is no discount.

Sarah: Mum, I like it. Will you buy it for me?

Mum: Sorry, Sarah. It's too expensive. You can try another skirt. How about this one? It's your favourite colour. How do you like it?

Sarah: Well. It's nice. Mum, I will try it on.

第四课时 Shop things from more aspects 教学设计如表 6-10 所示。

表 6-10 第四课时教学设计

授课内容	Shop things from more aspects	
教学内容分析	【What】学习内容是购物情境下的 4 个新词：nice、pretty、expensive、cheap。句型：Look at that … It's … /Yes, it is. 【Why】学生通过学习从不同方面来考量商品的价值，学会根据个人需求和喜好进行合理消费，养成理性消费的观念。 【How】核心句型是：Look at that … It's … /Yes, it is. 采用的是一般现在时	
教学目标	1. 通过妈妈陪 Sarah 为夏令营购买衣物这一情境对话的学习，获取并梳理购物时关于物品外观、价格和功能等维度的信息（学习和理解）。 2. 通过对不同衣物外观、价格和功能的描述，进而分析并内化合理消费的重要性（应用和实践）。 3. 通过对比不同人物的购物清单，来评价其合理性，并从外观、价格和功能三个维度以小组为单位设计一份购物清单，并加以谈论（迁移创新）	
教学重难点	小组合作，从外观、价格和功能三个维度设计一份购物清单，并加以谈论	
教学过程	教学活动	设计意图
Warming up & Preparation	1. Sharp eyes: Students recall the words about clothes and shopping while playing the game. 2. Group the words: Students group these words in singular or plural forms.	通过游戏来激活学生已有的知识储备，以旧带新，引出本节课要学习的内容，激发学习兴趣
Presentation & Practice	1. Create a situation: Summer camp is coming. Mum takes Sarah to buy some new clothes. 2. Listen and choose. What does Sarah want to buy? A. A dress and a hat. B. A dress and sunglasses. 3. Listen and answer. Q1: How much are the sunglasses? Q2: What's Sarah's favourite colour?	通过创设情境，将所授内容串成一条线来呈现，让知识的学习和生成更加具有逻辑性和说服力。 第一遍：泛听对话内容，了解其大意，获取主要信息。 第二遍：细听对话内容，梳理获取细节信息

续上表

<table>
<tr>
<td>Presentation
&
Practice</td>
<td>4. Read and complete the table.
<table><tr><th>Clothes</th><th>Color</th><th>Price</th></tr><tr><td>dress</td><td></td><td></td></tr><tr><td></td><td>blue</td><td></td></tr><tr><td></td><td></td><td>39 yuan</td></tr></table>
5. Learn the new words (nice, pretty, cheap, expensive) with the help of the teacher.
A: Look at that ... It's ...
B: Yes, it is.
A: How much is the ...?
B: It's ... yuan. It's cheap/expensive.

6. Look and say.
Look at the ... It's/ They're ...
The ... is/are ... yuan. It's/They're cheap/expensive.

7. Watch and follow.</td>
<td>第三遍：结对子阅读听力文本，梳理获取商品颜色和价格等方面的信息，学会通过表格的方式来呈现关键信息，为后面的有效输出做铺垫。
依托 Sarah 和妈妈在商场选购衣物这一主情境，结合具体图片和句型来学习新单词 nice、pretty、cheap 和 expensive，帮助学生掌握其发音、拼写和词义。
结对子看图说话，让学生灵活运用所学单词和句型来谈论服装的外观、功能和价格，为后面的有效输出做铺垫。

通过跟读活动，模仿单词发音，掌握对话的语音语调</td>
</tr>
<tr>
<td>Consolidation
& Development</td>
<td>1. Winter is coming. It will be cold very soon. There are many clothes with different colors, sizes, functions and prices. You have 300 yuan, please make a shopping list of the things you want to buy. The teacher shows an example of the shopping list and teaches students how to design the shopping list.
Step 1. List the things you want to buy.
Step 2. Pick your favourite color, suitable size and the style you like.
Step 3. Sort shopping items by importance then, then calculate the total price and make sure it is within 300 yuan.</td>
<td>通过设计一份购物清单，给学生展示购物清单制定的步骤和方法，为学生后面自己完成购物清单的设计做铺垫</td>
</tr>
</table>

续上表

Consolidation & Development	Step 4. Write down the final shopping list and report it to the class. (names, prices, sizes, colors, functions ...) Key sentence structures: I will buy the ... I will take size ... It's/They're ... yuan. It's/They're very ... (It/ They can ...) 2. Students design the shopping list in groups, then talk about their shopping list with the help of the key sentence structures. 3. Make an oral report.	通过小组合作设计购物清单，有效发展学生运用英语做事情的能力，发展学生的思维能力，同时也促进学生的小组合作能力。 通过口头介绍自己小组设计的购物清单，发展学生英语语言表达和运用能力，增强英语学习的信心和乐趣
Summary	1. Learn 4 new words: nice, pretty, expensive and cheap. And know how to use them to talk about clothes. 2. Learn how to make a reasonable shopping list.	总结回顾本节课所学内容，加强对重难点知识的理解和掌握
Homework	1. Listen and follow the text on P62 for 3 times. (need to do) 2. Write a short introduction to your group's shopping list. (chose to do)	通过将课堂上口头介绍购物清单的形式，在课后转化成写作的形式，有效促进学生的读写能力
Blackboard design	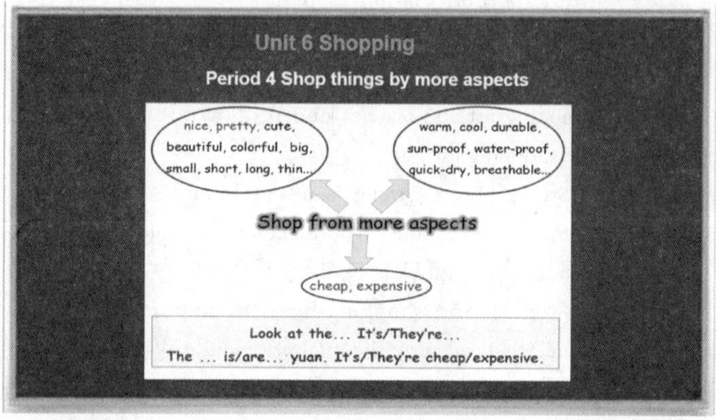	

听力重构文本：

At home

Sarah: Mum, the summer camp is coming. I want to buy some new clothes. Can we go shopping this afternoon?

Mum: Sure. What do you want to buy?

Sarah: I want to buy a dress and a pair of sunglasses.

Mum: OK. Let's go to the shopping mall and have a look.

In the shopping mall

Sarah: Mum, look at that green dress. It's very pretty.

Mum: Yes, it is.

Salesgirl: Good afternoon. What can I do for you?

Sarah: I like this dress. Can I try it on? Size M, please.

Salesgirl: Of course. Here you are!

Mum: It's very nice. How much is it?

Salesgirl: It's 98 yuan.

Mum: Oh, that's cheap. We'll take it.

Salesgirl: What else do you need?

Sarah: I also need a pair of sunglasses.

Salesgirl: Look at these blue sunglasses. They're a new style. Do you want to try them on?

Sarah: Yes. Let me have a try.

Mum: They're cool. How much are they?

Salesgirl: They're 200 yuan.

Mum: Oh, that's too expensive. How about this yellow hat?

Salesgirl: It's 39 yuan.

Mum: Sarah, how do you like this hat? It can make you cool and protect you from the sun, too.

Sarah: It's beautiful and cheap. Yellow is my favourite colour. I like it very much.

Mum: Great! Let's take the dress and the hat!

第五课时 Shop things on sale 的教学设计如表 6-11 所示。

表 6-11 第五课时教学设计

授课内容	Shop things on sale	
教学内容分析	【What】阅读的文本体裁是海报，主要内容是关于一家商店全场货物五元销售的促销海报。 【Why】学生通过学习不同的商品促销方式，学会根据个人需求进行合理消费，养成理性消费的观念。 【How】促销海报里的语言信息非常精简，使用了一般现在时。核心句型是：We have … They are…	
教学目标	在本课学习结束时，学生能够： 1. 通过阅读不同的促销海报，获取和梳理不同的商品促销方式，以及对物品进行多维度的描述（学习和理解）。 2. 通过重构文本，让学生阅读关于商品的促销海报，进一步学习不同形式的促销方式，从而引导学生养成理性消费的观念（应用和实践）。 3. 通过小组合作，设计一张促销海报，并且以小组为单位做口头介绍（迁移创新）	
教学重难点	小组合作，选择一种促销方式设计海报，并口头介绍	
教学过程	教学活动	设计意图
Pre-reading	1. Brainstorm: Students recall the words about clothes. 2. Group the words: Students group these words in singular or plural forms.	让学生通过回顾前面单元所学习的知识点，以旧带新，来引出本节课要学习的内容，同时让学生通过分类对名词的单复数有更深的认识
While-reading	1. The teacher sets a situation and presents three shops. Students choose the shops they want to go and read the first passage from the book alone. Q1: What things does the shop have? Q2: What preferential treatment can you enjoy?	通过创设情境，将所授内容串成一条线来呈现，让知识点更加有逻辑性、趣味性。 通过自主阅读第一篇文本，梳理获取关键信息，了解第一种商品促销表达方式，即“All the things are five yuan today.”
	2. The teacher presents the second shop and shows the passage. Students read in pairs and get the main ideas. Q1: What things does the shop have? Q2: What preferential treatment can you enjoy?	通过结对子阅读重构的新语篇，梳理获取关键信息，了解第二种商品促销方式，即“Buy …, get … free.”

续上表

教学过程	教学活动	设计意图
While-reading	3. The teacher presents more pictures about the second preferential treatment. Students translate them into English.	通过举一反三的方式，加强学生对于第二种促销表达方式的运用，为后面的有效输出做铺垫。
	4. The teacher presents the third shop and shows the passage. Students read in groups and get the main ideas. Q1: What things does the shop have? Q2: What preferential treatment can you enjoy?	通过小组合作阅读重构的新语篇，梳理获取关键信息，了解第三种商品促销方式，即"take ...% off"。
	5. The teacher presents different kinds of discounts. Students try to understand and talk about them, then talk about the price after taking discounts. Q: If the jacket takes ...% off, how much is it?	通过举一反三的方式，加强学生对于第三种促销方式表达的运用，为后面的有效输出做铺垫
Post-reading	1. The teacher shows an example of the sales poster and teaches students how to design the sales poster. Step 1: Choose your favourite preferential treatment. Step 2: Design the beginning, body and ending parts of the poster. Step 3: Draw the picture of the clothes in your shops.	通过为自己朋友的商店设计一份促销海报，给学生展示制作促销海报的步骤和方法，为学生后面自己完成促销海报设计做铺垫。
	2. Students design the big sales poster in groups, then talk about the poster according to the key sentence structure in groups.	通过小组合作设计促销海报，有效发展学生运用英语做事情的能力，发展学生的思维能力，同时也促进学生的小组合作能力
	3. Make a summary.	

续上表

<table>
<tr><th>教学过程</th><th>教学活动</th><th>设计意图</th></tr>
<tr><td>Homework</td><td>1. Read the text. (need to do)
2. Write a short introduction about your group's sales poster. (choose to do)</td><td>通过将课堂上口头介绍促销海报的形式在课后转化成写作的形式，有效地促进学生读写能力的提高</td></tr>
<tr><td>Blackboard design</td><td>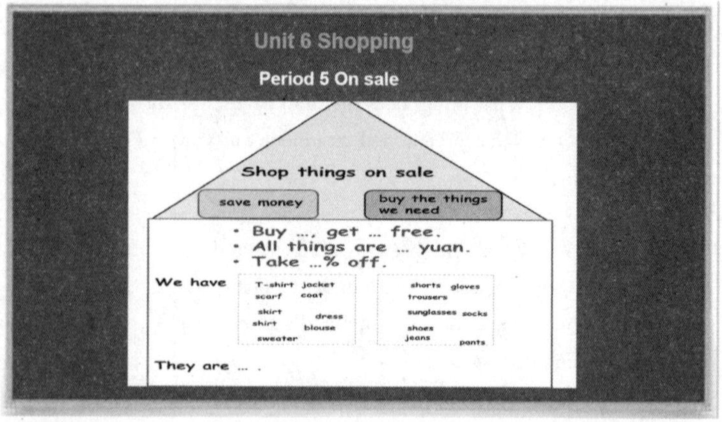
</td><td></td></tr>
</table>

第五课时阅读文本如图 6–3 所示。

图 6–3　第五课时阅读文本

第六课时 Shopping tips 教学设计如表 6–12 所示。

表 6–12　第六课时教学设计

授课内容	绘本 *Sara's medicine*	
教学内容分析	【What】绘本语篇以记叙文的文体呈现语言，通过母子间的对话，介绍了 Sara 生病急需吃药，而哥哥 Corner 和朋友 James 外出购物为 Sara 买药，却不小心把药落在药店，最终药店的医生亲自送上门来，呈现了友邻之间互帮互助的美好情谊。 【Why】学生通过绘本内容的学习掌握一定的礼貌性用语，明白通过购物前 make a list, 购物中 buy things according to the list, 购物后 check the list，使购物体验更美好，并能够联系实际生活学会与友邻和谐相处。 【How】该绘本的语言比较精简，使用了一般现在时。核心句型是：Can I help you? Yes，please. How much is it? It's ...	
教学目标	在本课学习结束时，学生能够： 1. 通过文本阅读，梳理故事中不同人物的行为，感受不同人物的品质（学习和理解）。 2. 通过感受和分析，把自己代入主人公 Corner 的角色，思考假如自己是 Corner，会怎样做（应用和实践）。 3. 引导学生通过思考自己以及自己身边谁是乐于助人的人，领悟到家人、朋友和邻里间都应该互相帮助，这个世界才能更美好的道理（迁移和创新）	
教学重难点	小组合作，评价并分析角色的性格和行为	
教学过程	教学活动	设计意图
Pre-reading	Bomb game	让学生通过回顾前面单元所学习的知识点，以旧带新，来引出本节课要学习的内容
While-reading	1. Cover reading and prediction. Q1：What's in the shopping list? Q2：What do you want to know about the story?	呈现绘本封面，让学生进行预测，激发学生的求知欲。
	2. The teacher leads the students to read the whole story and get the main idea. Q1：What happened to Sara's medicine? Read and order. First，... Then，... Next，... Last，...	引导学生自主阅读整本绘本故事，对句子进行排序，提取故事大意，并从中提炼出表示时间顺序的词汇

续上表

教学过程	教学活动	设计意图
While-reading	3. What's in the shopping list? Q1: Who will go with Corner? Q2: What shops do they go? Q3: Why do they go to the chemist first? Q4: What can they buy in the ...? 4. Do they bring back the medicine? Q: If you were the boys, what would you do? Finish the mind map. 5. What happened at last? Q1: How does mum feel? Q2: What can they do? Q3: Who's coming? 6. Listen and follow.	细读绘本故事，梳理获取关键信息，了解购物清单的内容，为后面制作孩子们的行经路线图做铺垫。 通过小组讨论合作，制作孩子们买药的路线图，感受Corner和James的责任感、细心和疲倦。 通过妈妈的反应和Sara的哭泣，故事进入高潮部分；Mr Dunn的登门送药让故事出现了转折，学生能够感受到邻里之间互帮互助的深厚情谊。 听录音，跟读全文，重新梳理故事的脉络
Post-reading	7. Retell the story. 8. Character sketch. Think and share: Who is helpful? Why?	复述绘本故事，加深学生对人物性格和故事情节的印象。 通过小组讨论，进行人物分析和评价，培养学生的逻辑思考能力，引导学生建立互帮互助的人际交往价值观

续上表

教学过程	教学活动	设计意图
Homework	Read and act out the story. 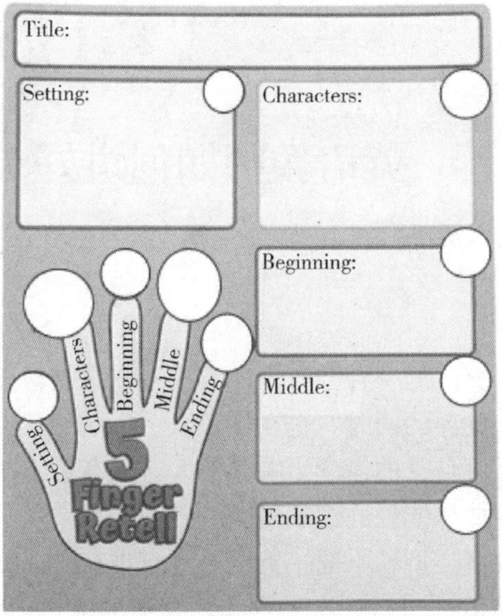	在课堂上对绘本的主要内容进行提炼和说明，让学生通过完成绘本阅读记录，及时地复习和总结，有效地提高学生的读写能力
Blackboad design	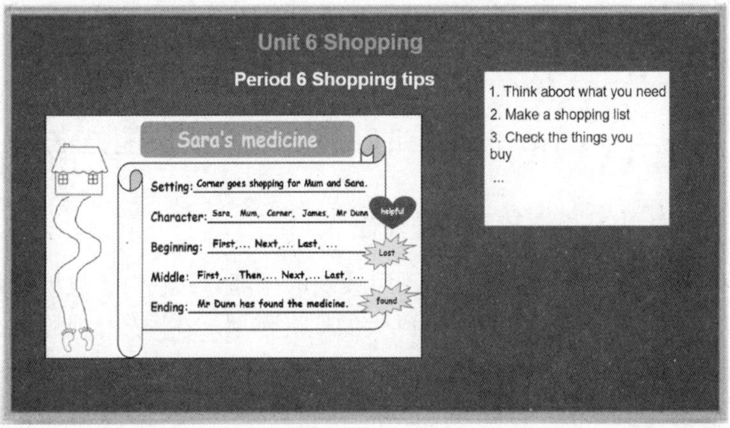	

第七章
英语教师如何讲好英语故事

讲故事是与人联系和交流的一种强有力的方式——它能帮助我们理解这个世界。我们在认识这个世界的同时，也在认识自己生活的社会，同时也在塑造自己的价值取向，再使自己的信念影响其他人。故事对于孩子们来说是一个充满诸多意义以及各种可能性的想象空间。孩子们都喜欢听故事，但不同年龄段的孩子喜欢的故事类型却不同。英语故事有难有易，教师是否能针对不同年龄段的孩子，对故事进行二次处理，用合适的语言、标准的语音、引人入胜的讲述方法，让孩子们仔细聆听，并且获取信息、提高语言和思维能力，将故事和学习联系起来，达到寓教于乐的效果？这就需要教师把故事讲得精彩。笔者将结合多年的教学实践和参赛备赛经验，与大家一起探讨如何才能讲好英语故事。

第一节　讲好英语故事的技能方法

一、讲好英语故事的重要性

故事是孩子成长过程中不可或缺的一部分，它对于发展儿童的语言、丰富儿童的情感和想象力有着巨大的促进作用。在国外，把故事运用于教学有着很长的历史。目前在我国的英语教学中，很多教师尝试用故事教学法开展日常的英语教学。讲好英语故事是英语教师必备的技能技巧，会讲故事的老师，是高明的老师。作为一名小学英语教师，应该要随时都能讲出有趣的英语故事。笔者认为讲好英语故事的重要性有以下几方面。

（一）激发孩子学习英语的兴趣

每一个孩子都是语言天才。经常给孩子讲一些英语小故事，很容易让孩子接受，并且因为满足了孩子特殊的好奇心，可以很好地激发孩子的英语学习兴趣。英语故事特别是绘本，色彩鲜艳，插画精致，可以很好地吸引住孩子的眼球，让孩子在听故事的时候不仅可以理解故事表达的意义，还能刺激孩子动脑的能力。教师在讲故事的过程当中，营造轻松愉快的气氛，能够让孩子自始至终享受到快乐，让孩子对英语学习产生很大的好感。

（二）提升孩子的学习能力

虽然在听英语故事的过程当中，孩子看似只是在输入，但其实他们在不断地用大脑进行思考，而且也在理解故事情节的同时产生很多的疑问。在这期间孩子会用自己的语言进行简单的表述，这无形当中锻炼了孩子的口语表达能力、听力，是非常有益的。在听故事时，就算听到的只是一些简单的词汇，也会充实孩子的大脑，让孩子在之后的英语学习过程中，能够灵活运用。特别是生活中一些常见的单词，孩子在反复听读以后，会在大脑深处产生很好的记忆力。当孩子的大脑深处集聚大量的词汇以后，孩子便能渐渐听懂一些复杂的英语故事，这对于之后的英语学习都会有非常大的帮助。

（三）引领孩子树立正确的思想价值观

孩子在成长的过程，正是人生观、价值观渐渐树立的阶段。英语小故事不仅通俗易懂，而且还富有丰富的意义和哲理，能够让孩子从故事当中收获到很多的心灵感悟。英语故事不仅充满着童趣，而且闪烁着很多美好的人性光辉，能够让孩子不断地产生共鸣，能够在潜移默化当中传递积极的情感和正能量，从而很好地引领孩子的情感发展，带动孩子不断向积极健康方向发展。对于孩子来说，在听故事中不仅可以放松心情，增长知识，开阔眼界，更重要的是可以健全人格，丰富内心，升华境界，渐渐养成一种良好的生活态度。

由此可见，经常给孩子讲英语故事，确实是非常有利于孩子的学习和成长的。这些新鲜的英语小故事，不仅能够让孩子渐渐地学会理解和体会故事当中的人物情节，而且能够让孩子形成自主学习的习惯，让孩子在日后学习英语更加容易。

二、讲英语故事与表演英语剧的区别

英语故事和英语剧的共同点是都有人物、环境，都不乏生动的描写和细致的刻画。讲英语故事与表演英语剧，虽同属口头表达方式，在表情达意方面，都运用口语，都带有一定的感情，都注重态势语等，但就其本质而言，它们是两种不同的口头表达样式。讲英语故事的重点在于“讲”，强调用描述性的语言，绘声绘色、生动形象地讲述故事。讲英语故事要求讲述的内容充满矛盾冲突、情节紧凑，与个人生活经验相近。讲英语故事既可以是单向交流，也可以是双向交流。一个英语故事是昙花一现，还是被人们铭记不忘，取决于故事情境的气氛渲染、情节的转折以及讲述故事者与听者之间的互动。表演英语剧的重点在于“演”，不仅要通过动作、表情等来表现、塑造典型形象，而且还要考虑结构、节奏以及戏剧张力，通过布景、灯光、音乐、化妆造型等的配合，强化剧本的独特感情，渲染令人心动的艺术氛围，营造令人神往的艺术意境。因此，小学英语教师在给孩子们讲英语故事时，要用形象生动的语言感染他们，适当配合丰富的表情和动作辅助他们理解故事，而不能一味地追求夸张的动作表演。

三、不同年龄段儿童适合的故事类型

爱因斯坦说：“如果你想让他（孩子）聪明，就给他讲故事；如果你想让他拥有智慧，就讲更多的故事。”① 不同年龄段的儿童，心理发展水平和生活经历不一样，适合他们听的故事类型也不一样。6 ~ 8 岁的孩子正处于小学低年级阶段，他们充满好奇心，思维方式以形象思维为主。童话故事、寓言故事、民间传说、神话故事都非常适合他们这个年龄阶段。如：寓言故事隐含很多做人的道理，可以潜移默化地对孩子进行品德教育。9 ~ 11 岁的孩子处于小学中高年级阶段，他们已经有一定的生活经验和辨别是非的能力。这个年龄段的孩子逐渐形成抽象思维，可以思考事物之间的逻辑因果关系，适合从童话、神话、传奇的世界，逐渐过渡到现实物质世界。我们可以让他们听英雄故事、自然故事和历史人物传记等。英雄故事中的英雄人物，可以给孩子树立好的榜样，让孩子在听故事中获得榜样的力量。自然故事是科学课程的基础，孩子在高年级会接触很多科学道理，如果能让孩子提前接触这一类故事，特别是英语自然故事的话，将会为今后的英语科普类阅读学习打下坚实的基础。

此外，由于不同年龄段的孩子集中精力的时长不同，我们要根据孩子的年龄段，选择不同长度的故事。一般来说，对于 6 ~ 8 岁的孩子可选择长度为 5 ~ 8 分钟的故事，对于 9 ~ 11 岁的孩子可选择长度超过 10 分钟的故事。

四、讲好英语故事的注意事项

给孩子讲英语故事时要注重视听结合，借助实物、口形示范和手势等直观手段，形象具体地向孩子示范发音，并让孩子反复地辨别和体验。与其他

① 苏珊·佩罗．故事知道怎么办：如何让孩子有令人惊喜的改变［M］．重本，童乐译．天津：天津教育出版社，2011：2.

英语演讲相比，讲英语故事对演讲者的表现和演讲技巧要求更高。要想淋漓尽致地呈现英语故事，笔者认为需注意以下五点。

（一）通读故事，理解大意，区分故事角色

我们在给孩子讲故事前，首先要通读故事，理解故事梗概，提取故事的中心思想，奠定情感基调，将故事中的角色人物圈画出来，然后区分出人物正反形象。如在 Three little pigs 这一故事中，主要角色有 Little Pig，Middle Pig，Brother Pig 和 Big Bad Wolf，其中三只小猪是正面形象，大灰狼是反面形象。如果故事中出现多个角色对话的场景，讲故事者可进行角色扮演，扮演不同角色讲话时进行声音和表情上的处理，营造一种不同人之间交流的感觉。

（二）分析人物角色，加工声音，使之具有与角色特征相符的声音特点

明确了人物之后，选择与人物角色相符的声音很重要。什么角色就用什么话去表达。用特定的角色语言，来表达他 / 她的态度、他 / 她的特征，只有这样才会活灵活现地将他 / 她展现在孩子的面前，也才能吸引孩子的注意力。如果是童话故事，它们大多具有拟人化的特点。故事中的形象大多可以依据年龄特点和人物属性善恶好坏进行划分。从年龄特征上，可将角色拟人化为老年组、中年组、小孩组。老年组的人物常被赋予老年人的特征，声音常常是低沉的、缓慢的，如 The sun and the wind 中的太阳公公，How a colt crossed the river 中的老牛伯伯，以及 The hare and the tortoise 中的山羊爷爷。中年组的常为叔叔阿姨、爸爸妈妈，声音特点为沉稳的、语重心长的、怜爱的，如 Three little pigs 中的爸爸妈妈。小孩组中的人物大多体型小、伶俐好动，表演时注意表现出年龄小、活泼可爱、单纯、灵活、稚嫩，语速可稍快，如 Little red riding hood 中的小红帽。从人物属性上，我们将人物分为好人组和坏人组。坏人组强调狡猾或者凶狠，如 Snow White 中的王后和 Three little pigs 中的大灰狼。

对于人物区分度不高的，我们可以模仿其叫声，如 The Ugly Duckling 中同时出现了小鸡、小鸭、小鸟、小青蛙等，它们都具有体积小、活泼可爱的小孩组的人物特点。因此，我们在声音加工时，读小青蛙的部分前先“呱呱”叫两声，再加入小青蛙的对白；表演小鸟时先“唧唧”叫两声，再加入小鸟的对白。

（三）分析故事内容，加工语言，将叙述性语言转换为对话性语言

英语教师在给孩子讲故事时，通常要运用声情并茂的语言完整讲述故事，但很多故事内容会出现大段的叙述性的情节，而叙述性的旁白化的内容

难以像对话性语言那么容易体现出讲故事者对故事的表现力和感染力。所以我们可以将故事加工，在不改变故事原意的前提下将一些描述性语言加工为对话性语言。如 The hare and the tortoise 中的“The hare thinks that he will win.”这个内容，我们可以加工为小兔子骄傲地说：“The tortoise is too slow. I am sure I will be the winner！”对故事内容的加工能够让听者更形象地感受人物角色的特点和故事情节的发展等。

（四）讲故事时做到熟悉内容，不照读稿件

在给孩子讲英语故事的时候，绝不要去背稿，哪怕是内容过多的故事，我们也要提前熟悉故事内容，学会用自己的语言，用心去讲好故事。我们只要记住大致的思路，讲故事时就能放开流畅地讲。为了熟悉故事的内容，讲故事前要不断地练习。讲故事者这样做不但有助于在讲故事时表现得更为自信与流畅，而且能借由不断的练习更加深入了解与窥探到故事内容的精微之处。

（五）讲故事时要注意以讲为主，以演为辅

有些英语教师在讲故事时，过分强调讲故事的声情并茂，陷入了不做任何旁白单纯去演的误区。如 Two Bears 这个故事中只有两个人物，有些教师演完熊哥哥的动作，不做任何旁白，直接演起熊弟弟，这样就会让听故事的人看不懂情节，分不清故事主体，从而摸不着头脑。当遇到英语故事中的人物角色少，且对话特别多的时候，我们一定不能图方便省去了如“Little Bear says”“Big Bear says”这样的旁白。英语教师讲故事时的语言一定要通俗易懂，语气要抑扬顿挫，手势要恰如其分，表情要丰富多彩，情景交融，不仅要把别人带进故事里来，还要把别人带出去，通过故事来说明道理，通过故事来说服别人，影响别人！

五、讲好英语故事的技巧

讲故事有五要素，即何时、何地、何人、何事、何故。每一个故事都应该包括这五项内容，才算表达清楚。何时的表述可以开门见山，引起听者的注意；何地的表述可以尽快地进入场景，这样才会突出故事所表达的主题；何人的表述要有名有姓才显得真实，也方便听者理清思路；何事的表述应注意具体化、描述细节化；何故的表述相对来说没有那么重要，可以略讲。讲故事，最重要的是对何事的讲解，换句话说也就是重现场景，重现场景的一个技巧就是表达具体化、描述细节化，这样才能把听者带入故事的情景中。笔者认为讲好英语故事要注意外在和内在相结合。外在包括穿着得体、举手投足自然、全情投入和面带微笑；内在包括语音标准、语调优美、语法正确

和语句流畅；特别应注意把握技巧、塑造形象、创设情境、注意互动和设置悬念。笔者认为讲好英语故事应该注意以下技巧。

（一）定位准确，语言深浅恰当

我们首先要定位听故事的对象，即我们讲故事是讲给谁听的。我们需要了解孩子们的性格特点、心理特点以及语言储备。其次我们要定位内容，即我们要讲述什么故事，故事的内容语言难度怎样；如果语言难度较大，我们怎样进行二次创作以保证孩子们能够不仅听懂而且获得快乐甚至启迪。不同年龄段的孩子对语言的接受和认知水平也不同，小学阶段正处在一个英语基础不断提高的过程。我们讲给孩子们听的英语故事，也要符合他们已有的语言水平；否则超出他们的接受水平，故事就会失去其意义。如 The lion and the mouse 这个故事中有这样一段内容：When a lion was asleep, a little mouse began running up and down beside him. This soon wakened the lion. He was very angry, and caught the mouse in his paws. “Forgive me, please,” cried the little mouse, “I may be able to help you someday.” The lion was tickled at these words. 我们要根据孩子的认知水平来判断是否需要对语言进行二次加工，如果讲故事的对象是中高年级的孩子，那么故事原有的语言对他们来说会比较合适，不需要更改太多；但是如果讲故事的对象是刚刚入学的一年级的孩子，对于大多数孩子来说会有一定的难度。此时，教师除了考虑在讲故事时适当运用肢体语言来辅助孩子理解故事，还可以将原有故事内容的复合句等较复杂的地方，用简单易懂的句子来表达。可以做如下修改：A lion was sleeping under a tree. A little mouse saw him. The mouse was running up and down. Suddenly the lion woke up. He was very angry and he quickly caught the mouse. The mouse was in the lion’s paws. The mouse was so poor and cried, “Forgive me, please. I may be able to help you someday.” The lion didn’t think so.

（二）设置情境，语言生动有趣

孩子们都是故事迷，把知识融入故事中，配上生动、有趣、感染力强的语言，更能激起孩子们的学习兴趣。故事是在特定的情境中发生的，它源于生活、贴近生活，是对人们生活、学习和工作的描写和记述。讲故事要讲得精彩，让听者身临其境，那就必须创造情境。我们在讲故事时，可以对故事发生的情境适当地用语言描述，让学生更好地感知与理解。例如，当我们讲述 Little red riding hood 里小姑娘去森林看望外婆的时候，可以说：“She walked in the forest and she saw a lot of beautiful flowers. She was so happy that she couldn’t help singing.”虽然原故事文本中没有 flowers、singing 这些内容，但是教师可以通过对故事内容的二次加工，对故事情境进行清晰地描述，让孩子们轻松地进入故事的情境。

另外，讲英语故事时我们面对的是孩子，要考虑使用什么样的方式才能吸引他们的注意力。笔者认为讲故事时的语音、语调、语速、情感、角色塑造，都是非常关键的。如果讲故事时的第一句话较有力，就会吸引孩子，接下来的故事陈述也会流畅很多。英语教师在讲故事之前，特别是在参加讲故事技能比赛的时候，可以先吸一口气稳一下自己的心神，然后再开始故事的讲述，一定不要慌慌张张地开始。讲故事的时候，我们要选择跟故事相结合的音域、音量。注意把握好重音、起伏、停顿，学会表现情感。如果想要达到令人信服的效果，要选择低沉的声音；如果想要吸引孩子的注意力，就要根据故事的情节，不断变化我们的声调。我们要选择跟故事情节相匹配的语速，才能让孩子更好地理解故事信息；我们要在恰当的地方适当停顿，才能让孩子对故事进行思考；我们要选择跟故事情节相吻合的声调、口吻，才能让孩子随着故事的发展体会到不同的情境。英语故事中自然会有具体的角色，如何生动、自然、巧妙地塑造故事角色，这是一个需要我们注意的问题。特别是在英语教师参加讲故事技能比赛时，在不允许使用道具、配乐等外在手段帮助的情况下，我们可以借助声音的变化、表情的处理、动作的编排以及丰富多彩的面部表情来进行。如在讲故事 The mouse and the daughter 时，我们可以浏览故事内容，理清故事角色，主要有 Father Mouse，Baby Mouse、Mr. Sun、Mr. Cloud、Mr. Wind、Mr. Wall，其中 Father Mouse 和 Mr. Sun 的语言，我们可以选择低沉的；Baby Mouse 的语言，我们可以选择用手捏着鼻子，以达到鼠宝宝稚嫩声音的效果。

（三）有效辅助，关注互动拓展

讲故事的核心不仅仅是在讲，而是应该把讲、动、表演融为一体。不仅仅要使孩子们的听觉有所触动，还要使孩子们的视觉甚至嗅觉有所触动，这样孩子对故事的印象才深刻。如果是常规的讲英语故事，我们会有足够的时间去准备一些辅助的手段，包括道具等。我们可以根据故事内容和孩子的年龄特点，准备相应的辅助资源。如面对低年级的孩子讲动物的相关故事时，我们可以做一些动物头饰、准备动物手偶等，帮助故事角色及其特点的刻画。如果是英语教师讲故事技能比赛，往往只有十分钟的时间做封闭准备，能够将故事文本研究清楚，准确流畅地表达就已经很不错了，再要求准备道具实在是难上加难；但是，我们也可以就地取材、创造性地来展示教师的技能，如夸张的身体语言、幽默的声音、俏皮的表演等。

教师在讲故事的过程中，可以与孩子形成良好的互动，然后根据他们的言行来判断故事是否吸引他们，再结合原本的故事情节，做临场的调整。在讲述动物故事，对动物做比较时，我们可以一边讲故事，一边引导孩子填出部分关键词，如："A dog is（stronger）than a cat，a tiger is（much）stronger than a dog，an elephant is（the strongest）among the four animals."此外，讲故事时一定要关注"听众"的反应和注意情感的交流。当听众眼中带有疑惑、困惑的时候，也许我们可以转变另一种方式来表达；当故事情节发展到一个特定阶段的时候，我们可以适时暂停，有意识地抛出一两个开放式的问题，让孩子在已知故事情节的基础上对故事的后续发展进行大胆的预测。在这样的交流互动之中，孩子们的语言能力得到了提升，思维（想象）能力得到了发展。甚至在故事的结尾，我们还可以和孩子们一起尝试着去总结、去归纳，准确地提炼出小故事中所蕴含的大道理。

第二节　讲好英语故事的案例分析

作为一名小学英语教师，应该可以随口讲出有趣的英语故事。我们可以细读各类别的英语故事，挖掘故事中隐含的教育意义，思考如何在讲故事时进行有效的设问，达到有效地与孩子互动的效果。笔者将结合 2017 年参加首届广东省英语教师技能大赛的备赛经历、历年来在英语课堂运用故事进行的教学实践，阐述英语教师如何讲好英语故事。

一、英语教师技能大赛讲故事环节案例

首届广东省英语教师技能大赛讲故事的比赛形式和内容是：提前 10 分钟抽签选定故事内容，然后按要求向假定学生对象讲指定英语故事，不能配乐，故事讲述时间为 3 分钟；评委会从完整度、流畅度、可理解度和得体度进行评分。如何在 3 分钟内完美地呈现英语故事呢？笔者认为可以从以下几方面去思考。

（一）多元化的故事开场方式，吸引孩子的注意力

故事的开场能迅速抓住孩子的眼球，这点很重要。开场方式有很多种，可以用平铺直叙、唱歌、猜谜语、做动作等多种方式，我们应该分析故事的内容，结合孩子的特点、水平来选取最合适的方式。如在讲 The monkey and the crocodile 这个故事时，我们可以尝试用不同的方式开场，见实训案例 7–1。

【实训案例 7–1】

The monkey and the crocodile

One day a little monkey was playing in a tall tree by the river. A crocodile was swimming slowly near the bank with her baby. Mother Crocodile saw the monkey and then she turned to her son, "Do you love me, Son?" "Why, of course, Mum!" "Well then, you catch that monkey and give me his heart to eat." "But, how can I? Monkeys can't swim, and I can't climb trees." Mother Crocodile said, "Use your head, then you'll find a way." The baby crocodile thought hard and he had an idea. He swam near the tree and shouted, "Hey, Monkey! Would you like some bananas?" "Bananas! Mm! I love them. But where are they?" "On the other side of the river. There are some tall banana trees, and they have lots of bananas on them. I'll take you there on my back." "Good," said the monkey, then he came down and jumped onto the crocodile's back.

Soon they were in the middle of the river. Suddenly the crocodile went down under the water. When he came up again, the monkey was all wet. "Don't do that!" the monkey cried, "Don't do that again! I can't swim, you know." "I know, but I have to. My mother wants to eat your heart."

The little monkey was clever. He asked, "Why didn't you tell me earlier? My heart isn't here with me. I left it in that tree over there." "Then we'll have to go back for it. Mother doesn't want you without your heart." The crocodile turned and swam back to the bank.

As soon as they reached the bank, the monkey jumped off the crocodile at once, picked up a big stone and quickly climbed up the tree. As the crocodile was waiting, he suddenly heard a voice from above: "Hey, Crocodile! Here's my heart. Catch!" With these words, he threw the big stone at the crocodile.

☆方式一：唱歌开场

如果你是一位擅长唱歌的英语老师，你可以大胆地选用"唱歌开场"方式。虽然原故事开头提供的第一句内容是：One day a little monkey was playing in a tall tree by the river. 故事只是交代了故事中有一个角色 little monkey，并没有告诉我们它的名字，我们可以给这个 little monkey 取名叫 Clever，仿照英语歌曲"Bingo"的开头，将其改编为："There was a little monkey and his name was Clever. C-L-E-V-E-R，C-L-E-V-E-R and Clever was his name，oh!"用俏皮的声音唱起来，这样的故事开场会从听觉上大大吸引孩子的注意力。

☆方式二：猜谜语

孩子们都喜欢猜谜语，如果将故事的主人公或主要人物角色，在开场时用猜谜语的方式进行交代，也是一个很不错的选择。如刚才的故事 The monkey and the crocodile，我们可以这样开场："Hello. Boys and girls，listen and guess：what animal is it? It is Clever. It has a long tail. It likes eating bananas and climbing trees." 教师在讲这个谜语时，一定要注意眼神、动作、语气的变化，尽量保持"神秘感"，让孩子带着思考去听故事。

（二）重构原有故事的语言，二次创作加工润色

在讲故事比赛的时候，我们要思考抽取到的故事内容与故事假定学生对象的水平是否匹配。如果故事内容高于孩子的语言水平，我们要对原有故事的语言进行重构，适当删减；如果故事内容简短，对假定对象的孩子来说过于简单，我们则要对原有故事内容进行增加，用自己的语言来诠释和表现故事。接下来用下面的故事案例进行说明。

实训案例 7–2 的故事内容较长，对于假定学生对象来说较难。

【实训案例 7–2】

故事题目：

您带着一群四年级的孩子去秋游，午餐后孩子们围坐在大树下，邀请您讲下面的故事！

The coming of the king

Some children were at play in their playground one day，when a herald rode through the town，blowing a trumpet，and crying aloud，"The King! The King passes by this road today. Make ready for the King!" The children stopped their play，and looked at one another. "Did you hear that? " they said，"The King is coming. He may look over the wall and see our playground. Who knows? We must put it in order."

The playground was badly dirty，and in the corners were scraps of paper and broken toys，for these were careless children. But now，one brought a hoe，and another a rake，and a third ran to fetch the wheelbarrow from behind the garden gate. They labored hard，till at length all was clean and tidy.

"Now it is clean!" they said，"But we must make it pretty，too，for kings are used to fine things；maybe he would not notice mere cleanness，for he may have it all the time." Then one brought sweet rushes and strewed them on the ground； others made garlands of oak leaves and pine tassels and hung them on the walls；the littlest one pulled marigold buds and threw them all about the playground then said, "To look like gold." When all was done the playground was so beautiful that the children stood and looked at it, and clapped their hands with pleasure. "Let's keep it always like this!" said the littlest one; and the others cried, "Yes! Yes! That is what we will do." They waited all day for the coming of the King, but he never came; only, towards sunset, a man with travel-worn clothes, and a kind, tired face passed along the road, and stopped to look over the wall.

"What a pleasant place!" said the man, "May I come in and rest, dear children? " The children brought him in gladly, and set him on the seat that they had made out of an old cask. They had covered it with the old red cloak to make it look like a throne, and it made a very good one. "It is our playground!" they said, "We made it pretty for the King, but he did not come, and now we mean to keep it so for ourselves." "That is good!" said the man. "Because we think pretty and clean is nicer than ugly and dirty!" said another. "That is better!" said the man. "And for tired people to rest in!" said the littlest one. "That is best of all!" said the man. He sat and rested, and looked at the children with such kind eyes that they came about him, and told him all they knew about the five puppies in the barn, and the shore where the gold shells grew; the man nodded and understood all about it. By and by he asked for a cup of water, and they brought it to him in the best cup, with the gold sprigs on it: then he thanks the children, and rose and went on his way; but before he went he laid his hand on their heads for a moment, and the touch went warm to their hearts.

The children stood by the wall and watched the man as he went slowly along. The sun was setting, and the light fell in long slanting rays across the road. "He looks so tired!" said one of the children. "But he was so kind!" said another. "See!" said the littlest one, "How the sun shines on his hair! It looks like a crown of gold."

我们不难发现，这个故事篇幅很长，对于大多数四年级的孩子来说，语言偏难，而且如果是讲故事比赛，需要在3分钟内完成，难度是比较大的。因此，我们在短短的10分钟的准备时间里，必须沉着冷静，务必用最短的时间理解故事的大意，弄清主题，理清人物角色，尽量用自己的语言进行故事的二次创作。笔者尝试将故事简化讲述如下：

One day, some children were playing on the playground in the morning. Suddenly they heard a boy crying, "The King is coming. The King is coming!" They stopped their play and began to put the things in order.

The playground was very dirty. The scraps of paper and broken toys were in the corners. They worked hard and the playground was quite better. "Now it is clean!" they said, "But we must make it pretty, too, for kings are used to fine things." Then they tried their best to make the playground as clean and tidy as possible. The playground was so beautiful that the children stood and looked at it, and clapped their hands happily. "Let's keep it always like this!" said the littlest one; the others cried, "Yes! Yes! That is what we will do." They waited all day for the coming of the King, but he never came.

When the sun set, a man passed along the road, and stopped to look over the wall. "What a pleasant place!" said the man, "May I come in and rest, dear children? " The children let the man in. They gave him a seat and gave him a cup of tea. They said to the man, "It is our playground. We made it pretty for the King, but he did not come, and now we want to keep it so for ourselves." "That is good!" said the man. "Because we think pretty and clean is nicer than ugly and dirty!" said another. "That is better!" said the man. "And for tired people to rest in!" said the littlest one. "That is best of all!" said the man. He sat and rested, and looked at the children with kind eyes. Then he thanked the children and went on his way.

The children stood by the wall and watched the man as he went slowly along. The sun was setting, and the light fell in long slanting rays across the road. "He looks so tired!" said one of the children. "But he was so kind!" said another. "See!" said the littlest one, "How the sun shines on his hair! It looks like a crown of gold."

So boys and girls, did the king come? Who was the king? If you met an old and tired man, will you give him a cup of tea?（故事结尾设问，启发学生思考）

实训案例 7–3 的故事内容较短，对于假定学生对象来说较容易。

【实训案例 7–3】

故事题目：

您带着五年级的孩子去公园，孩子们邀请您讲下面的故事！

The lion and the mouse

When a lion was asleep, a little mouse began running up and down beside him. This soon wakened the lion. He was very angry, and caught the mouse in his paws. "Forgive me, please," cried the little mouse, "I may be able to help you someday." The lion was tickled at these words. He thought, "How could this little mouse help me?" However, he lifted up his paws and let him go. A few days later, the lion was caught in a trap. The hunters wanted to take him alive to the king, so they tied him to a tree, and went away to look for a wagon. Just then the little mouse passed by, and saw the sad lion. He went up to him, and soon gnawed away the ropes. "Was I not right?" asked the little mouse.

考虑到五年级的孩子已经有阅读中文故事《狮子与老鼠》的基础，这个故事内容对于他们来说相对简单，我们要对原有故事的内容进行适当增加和润色，才更适合孩子的认知水平。笔者尝试将故事改编讲述如下：

The story is about two animals. Who are they? Let's guess! Roar ... The lion. Gigi ... The mouse. Who's stronger? The lion? Maybe, let's see!

One day, the lion took a nap in the forest.（此时，教师可以表演狮子睡觉的动作、声音）

A little mouse came and ran up and down beside him. This soon wakened the lion. He was very angry, and caught the mouse in his paws. The lion shouted, "You little mouse, how dare you wake me up?" The little mouse cried, "Oh, Mr Lion, I am so sorry. Please forgive me. Don't eat me. I may help you one day." The lion looked at the little mouse and laughed, "You little mouse? You may help me? What a funny joke! All right, you are too small. I don't want to eat you now. Just go."

So boys and girls, can a little mouse help a lion?（此处稍作停顿，设问引起孩子的思考）

A few days later, the lion was walking in the forest. "I am the king of the forest. I am stronger than anyone."（教师扮演狮子边走边开心地哼唱这两句）Suddenly, the lion was trapped by the hunter. The lion said, "I can not move. Who set the trap?" He cried, "Help! Help! Who can help me?"

So boys and girls, who will help the lion?（再次设问，引起孩子的思考）

Gigi ... Who was coming? Yes, the little mouse. He looked at the lion and had an idea. He climbed up the tree and used its sharp teeth to cut the rope.（此时，教师可以表演老鼠咬绳子的声音，边做动作边说："咔哧咔哧。"）At last, the lion was saved. "Was I not right?" asked the little mouse. The lion was happy and said, "Thank you so much!" The lion realized that even a little mouse can do a great help!

So boys and girls, what do you learn from the story?（结尾设问，启发孩子思考故事的寓意）

Don't look down on the others.（稍作停顿后说）Don't forget other's kindness.（保持眼神、表情与孩子互动交流的状态）And we all have our strong points, so make good use of them.

（三）精心巧妙设问启发，引导孩子思考感悟寓意

每一个英语故事都蕴含着不同的寓意，讲故事的方式可以让孩子更深刻形象地体会故事寓意。教师在讲故事的时候，可以挖掘故事内涵，精心巧妙地进行设问，启发孩子思考、感悟。接下来用下面的故事案例进行说明。

【实训案例7-4】

假定学生对象：三年级小学生。

The ugly duckling

原有故事内容：It was summer. A duck was sitting in her nest. Her little ducklings were about to hatched. One egg after another began to crack, but the biggest one was still there. At last, it cracked. The baby was big and ugly. The next day, the mother duck with her family went down to the moat. One duckling jumped in after another. The big ugly one swam about with them. But the poor duckling was chased and harassed by all the ducklings because he was very ugly. The ducks bit him, the hens pecked him. And the girl who fed them kicked him aside. Then he ran off and soon came to a great marsh where the wild ducks lived. He stayed there for two whole days. A big dog appeared close beside him, but he did not touch the duckling. "Oh, I am so ugly that even the dog won't bite me," sighed the duckling. In the evening, he reached a little cottage. Because he could not lay eggs, he was driven away by the hen. One evening, he saw some swans. He flew into the water and swam towards them. What did he see in the clear water? He was no longer a dark grey ugly bird. He was himself, a swan. He said to himself, "I never dreamed that I could be so happy when I was the ugly duckling."

这个耳熟能详的故事 The ugly duckling 对于小学三年级的孩子来说，一点都不陌生，故事中的角色孩子们也非常熟悉，笔者尝试这样给孩子们讲述故事：

Hello, my dear children. Welcome to my storyland. Listen! "Quack, quack…" What is it? It's a duck. Today I am going to tell you a story "The ugly duckling".（故事开场）

Once upon a time, there was a Mother Duck. She lived near a river. It was summer. Mother Duck was sitting in her nest. A few days later, her babies came out of their eggs. Many ducklings were cute except a big one. Nobody liked him and they called him the ugly duckling.（交代故事背景）

The next day, Mother Duck took her babies to the river. They began to learn how to swim. Many ducklings swam and played happily with each other.

设问 1: Did they play with the ugly duckling?

Oh, no! His brothers and sisters didn't like him. They said, "You are too ugly! We don't want to play with you! Go away!"(教师可以捏着鼻子，模仿小鸭子稚嫩的声音)Then he went to a great marsh where the wild ducks lived. He saw a dog.

设问 2: Now boys and girls, please think—would the dog play with the ugly duckling?

Oh, no! The dog barked,(教师两手放头顶，扮演凶恶的狗)"Woof, woof, you are too ugly. I don't want to play with you! Go away! " The ugly duckling was sad. He said, "Oh, I am so ugly that even the dog won't bite me.(伤心的语气)" Then he went to a little cottage. What did he see? Oh, he saw a hen. The hen didn't like him. The hen said, "You can't lay eggs. I don't want to play with you. Go away!" The ugly duckling was so depressed, so he cried and cried.(教师可将两手放眼睛旁，表演丑小鸭伤心哭泣的样子)He went to a river. He saw some beautiful swans. He flew into the water and swam towards them. What did he see in the clear water? He was no longer a dark grey ugly bird. He was a swan. He was so surprised, "I am a swan now? I can't believe it! I've never dreamed that I could be so happy and beautiful!"(教师可以瞪大眼睛，张大嘴巴，用惊讶的语气讲述这句话)

设问 3: So boys and girls, what do you learn from the story? If you were the dog and the hen, will you play with the ugly duckling? Will you judge a person by his appearance? Please think it over and let's share your ideas tomorrow.

【实训案例7-5】

假定学生对象：二年级小学生。

How a colt crossed the river

原有故事内容: One day, a colt carried a bag of wheat to the mill. As he was running with the bag on his back, he came to a small river. Water went gurgling on. The colt could not decide whether he could cross it. Looking around, he saw a cow grazing nearby. He asked, "Uncle Cow, could you tell me if I can cross the river?" The cow told him that he could and that the river was not very deep, just to his knees.

The colt was crossing the river when a squirrel jumped down a tree and stopped him. The squirrel shouted, "Colt, stop! You'll be drowned! One of my friends drowned yesterday just in the river." Not knowing what to do, the colt went home to consult his mom.

He told his mom his experience on the way. His mother said, "My child, don't always listen to others. You'd better go and try yourself. Then you'll know what to do."

Just at the river, the squirrel stopped the colt again. "Little horse, it's too dangerous!" "No, I want to have a try by myself," answered the colt. Then he crossed the river carefully. On the other side of the river, the colt realized that the river was neither as shallow as the cow said nor as deep as the squirrel told him.

"How a colt crossed the river"是一个寓言故事，对于很多孩子来说，在幼儿园就已经听过中文版，有一定的基础，笔者尝试这样给孩子们讲述故事：

Look around, look around. What do you see? Books, books, are you ready to read?

Gather round, gather round. What do you hear? Books, books, open up your ears.

（故事开场：以唱歌的方式，唱上面的内容）

Hello, boys and girls. Have you ever heard a fable? Today I will share a fable to you.

Its name is "How a colt crossed the river".

（告诉孩子故事的类型——寓言以及其名字）

One day, a colt carried a bag of wheat to the mill. As he was running with the bag on his back, he came to a small river. Water went gurgling on.（交代故事的背景）

设问 1: If you were the colt, what would you do? Looking for the bridge or the boat? Let's see what happened.

The colt saw a cow grazing nearby. He asked, "Uncle Cow, I don't know whether I can cross the river or not." "Dear colt, let me tell you the truth. The river was not very deep, just to my knees. You can cross it," the cow answered.（牛伯伯的话语用沉稳的声音讲述）

The colt decided to cross the river. Suddenly, a squirrel jumped from a tree and shouted, "Colt, stop! You will be dead! One of my friends died yesterday just in the river." The colt drew back his legs quickly.（松鼠的话语用紧张、尖尖的声音讲述）

设问 2：So boys and girls，will the colt listen to the cow or the squirrel?

"To cross or not to cross，that's a question，" the colt said.

（此句改编自莎士比亚戏剧《哈姆雷特》中的名句 "To be or not to be，that's a question."，目的是给孩子渗透西方文化知识）

The colt did not know what to do，so he went home to ask his mum.

"Mum，what shall I do?" His mother said，"My child，don't always listen to others. You'd better try by yourself. Then you will know the truth."（用亲切、和蔼的声音讲述小马妈妈的话）

The colt went back to the river again. And the squirrel shouted again，"Little horse，don't cross the river. The water is deep."（此时松鼠的话语应该要表现得更紧张、急迫）

设问 3：Now boys and girls，please think—will the colt listen to the squirrel this time，and will he cross the river or not? （此时可稍微停顿一下）

This time，the colt wanted to try by himself. "Walking in the river，walking in the river. I am not afraid，not afraid." The colt crossed the river carefully.（教师可以用 "Walking in the Jungle" 歌曲旋律唱这几句话，边唱边做小马过河的动作）

设问 4：Is the river as shallow as the cow said，or as deep as the squirrel told?

Of course not. Children，what do you know from the story?

Yes，don't always listen to others，you need to try by yourself. Keep it in mind.（总结寓意）

二、英语课堂讲故事教学实践案例

故事是儿童成长过程中不可或缺的一种获取知识的方式，用故事教授儿童外语更是一种深受儿童喜爱的教学手段，掌握这一教学技能能让我们的英语课更加生动、有成效。在英语课堂教学中，我们可以用讲故事的方式，在真实、自然的语境中呈现语言的功能和结构，对语言进行整体性的输入，科学、合理地呈现故事，有效进行技能训练，恰当进行词汇处理，深入挖掘情感价值，从而促进学生综合语言运用能力的发展。下面笔者将结合英语课堂教学实践，举例说明如何充分发挥讲故事的优势来引导孩子学习英语。

【实训案例 7-6】

通过讲故事的方式，整体呈现语音内容（低年级）

《义务教育英语课程标准（2022 年版）》指出，语音教学应注重语义与语境、语调和语流相结合，要通过有意义的语言输入，引导学生在感知、理解语言的基础上，体会语音的表意功能，发现并归纳语音规则。因此，无论是单词，还是音素的学习，都离不开一定的情境。只有基于整体语境的语音教学才是有效的。如果能将英语故事巧妙地融入、运用于语音教学，那么语音教学就会变得有境、有趣、有效。如笔者在教二年级孩子学习字母组合 tr、dr 的发音时，尝试自编故事，借助 PPT（见图 7-1）辅助讲述，让孩子整体感知。

图 7-1　语音教学 PPT

通过讲故事的方式引入语音学习，让孩子在故事中不断接触字母组合 tr、dr 及其发音，使语音学习变得轻松而不枯燥。

【实训案例 7–7】

通过讲故事的方式，引入水果英语词汇（中年级）。

用英语故事教词汇可以使一个个孤立的单词变得有联系、有意义，有利于学生的记忆。如 PEP《英语》三年级上册 Unit 4 Do you like pears? 这一单元中，出现水果单词 apple、pear、orange、watermelon、peach 和句型“Do you like...? ”笔者尝试将新授单词和句型融入《猪八戒吃西瓜》的故事中，改编成以下有趣的故事，借用 PPT 辅助呈现（如图 7–2 所示）：

图 8–2　水果英语词汇教学 PPT

新授的单词和句型在故事中复现的次数很高，教师可以通过形象、生动地讲故事，让孩子整体感知新学内容。通过这个故事的学习，教师还可以引发孩子思考：Watermelons are juicy and sweet. Can we eat a lot? If you like the fruit or food, can you eat too much?

【实训案例 7-8】

通过讲故事的方式，帮助理解语法知识（高年级）。

学习英语语法知识，对于中国的孩子来说有一定的难度。有些英语语法知识，如冠词的运用，理解运用实践性不强。因此我们采用讲故事的方式，进行绘声绘色的教学，将使枯燥的语法学习变得简单易学。笔者在教小学六年级的孩子学习冠词 a、an、the 时，为了让孩子更深刻地理解故事，感悟冠词的用法，打破传统的讲解方式，一边讲故事，一边在黑板上画简笔画，将整个故事的内容用形象的图片表现出来，真正做到有效的课堂板书“留痕”。笔者自编的故事内容如下文：

In the garden

It's a sunny day. The sun is shining in the sky. A boy is playing with a cat in the garden. The boy has short hair and big eyes. The cat is in the boy's arms now. An old lady is looking at the boy with a smile. Suddenly, the cat runs away. Oh, here comes a mouse. The mouse is big and grey. The boy is very surprised.

语言教学环境下的“讲故事”不同于作为娱乐消遣的“讲故事”，它要从孩子们的水平能力出发，采用符合他们认知程度的语言来组织，故事的长短、情节的发展也要根据孩子的年龄特点来安排；它要围绕教学重点进行讲述，如单词教学、对话教学、课文教学、语法教学等，在组织故事时要注意根据教学重点设计情节、语言和操练方式；同时必须围绕故事开展各项活动，以达到寓教于乐的目的。

总之，英语故事在激发学习兴趣、提供语境、提供自然重复的语言输入等方面有着独特的功能。一个好的英语故事，必须具备如下条件：主题符合孩子兴趣爱好、情节生动有趣、结构清晰并符合逻辑的要求。仅仅有好的英语故事还不够，讲述者娴熟的讲故事技巧非常关键。作为一名英语教师，我们应该不断提升自身的专业水平，不断摸索与实践，讲好英语故事并根据具体的教学情况，灵活运用讲故事这一教学技巧。

第八章 英语教师如何说好“两课”

第一节 英文说课

一、什么是英文说课

“说课”是教师向其他教师或教研人员口头表述具体课题的教学设想及其理论依据的一种教研活动形式。它通常是由授课教师在备课的基础上，面对同行或教研人员，讲述自己的教学设计，然后由听者评说，达到互相交流、共同提高的目的的一种教学研究和师资培训的活动。英文说课是指展示教师采用全英文表达将教学构想转化为教学活动之前的一种课前预演，也是教师用科学手段指导教学实践的一项内在要求。在广东省及佛山市近年来举办历届小学英语青年教师教学能力大赛中，说课部分的赛事均要求参赛选手使用全英文说课。

教师说课水平的高低往往是教师专业水平的一种最直接的反映。和上课一样，“有效说课”乃是教师应该追求的目标。

二、英文说课的策略与技巧

（一）明确方向，了解评价标准

由于组织者举办比赛的旨趣不同，所定出来的说课评价标准也存在差异，参赛教师个人教学水平、理论底蕴、表现能力等也会存在差异。因此，对于说课的架构设计和内容整合，参赛选手一定要事先认真阅读有关文件或材料，准确了解比赛组织意图，深刻领会活动宗旨，特别是评价标准所蕴含的价值取向。这样，才能明确目标、抓住重点、发挥优势，在说课部分的赛事中取得好成绩。

（二）明晰目标，紧扣前沿理念

就说课比赛自身而言，每位说课者的架构设计都基本一致，如何在众多参赛者中脱颖而出？评委往往会特别注重说课者自身的理论底蕴。说课者在说课时一定要注意在明确表达目标的同时，要紧扣英语教学前沿理念，并且能够表达出本节课的目标定位和设计是基于什么英语教学理念，为什么这样设计。比如有些说课者会强调自己的说课设计是基于《义务教育英语课程标准（2011 年版）》，有一些则会更进一步强调自己的教学设计与发展学生英语核心素养相关联。

（三）详略得当，突出重点亮点

撰写英语说课稿时，要注意把握详略，要突出重点、亮点，兼顾理论与创新。要做到详略得当，说课者首先要思考清楚本次说课重点展示的部分是什么，以及这次说课的亮点在哪里。只有把这两点弄明白了，组织说课稿的时候才能够有针对性地安排篇幅，对于重点部分可以适当多花时间、多落笔墨去展开，其他非重点的部分则可以技巧性地带过。

重点与亮点既可以合一，也可以分开陈述；同样，既可以理念与创新合一，又可以先综合叙述理念，然后在步骤设计中详细说明自己在理念与实践上的创新。不同的说课者可以根据不同的风格和叙述手段来定位自己的说课稿。

（四）辅助巧妙，达到锦上添花

在近年来的英文说课活动中，说课者一般都会使用幻灯片。PPT 是有效的辅助手段，用得好的话，可以起到锦上添花的作用。一般来说，说课选手使用的 PPT 一定要从“视觉”上下功夫。

说课 PPT 要能够让人眼前一亮，须注重以下策略：（1）选用的 PPT 模板尽量给人统一的视觉效果，不要混用多个模板；（2）PPT 的色彩搭配也一定要注意，这就好像一个人穿衣服一样，颜色不能过于杂乱，同一版面内的颜色尽量不超过 3 ~ 4 种；PPT 的色彩一般选用温和的色调，尽量不选用过于暗沉或过于跳跃刺眼的颜色；（3）PPT 要选用合适的字体，且字体尽量选一种，最好不超过两种，重点突出的地方可以用加粗体现；（4）PPT 上选用的图片不适合太复杂或使用不停变换的动图；（5）PPT 内容要简洁明了，不要出现满篇的文字，要给人以舒适美观、内容简明、重点突出的感受。

三、英文说课的内容

（一）说教学背景

教学背景分析包含教学内容分析和学情分析。

教学内容是教学活动不可或缺的载体，因此教学内容分析必须遵从综合知识体系，如话题、与其他课的联系、与单元之间的联系、与话题模块之间的联系、状态及功能等。

做学情分析时首先一定要遵从学生的知识水平，那就是他们所学过的、他们即将学的知识，以及他们需要提高的地方。其次，学情分析还应将学生的英语语言交际能力水平发展的现状、认知水平等非智力因素考虑在内。

（二）说教学目标

（1）说目标要注重说出目标的“落地性”。目标是事物既定方向的最终落实点，说课中的目标虽然只是用“说”的形式呈现，但是同样要与实际相结合。笔者在此将“说教学目标”放在“说教学背景”之后，是因为教学是以人为本的。教师应首先关注了解学生的实际情况，再结合教学内容，才能比较准确定位科学和符合学生实际需求、为学生发展服务的教学目标，即说课者在说课时要注意把握一点：说目标不是说得越高大上就越好，反而应该注重如何结合学生实际水平和学习的内容来定位适合落地实施的目标。

比如，有些英语老师在说课中描述目标时喜欢用这样的句式“I will have students / elicit students ...”等，这样的目标表述是基于教师的理解和以教师为出发点，不是基于学生自身发展的需要，不是从学生角度来定位教学目标的。比较建议的目标表述是以学生为主体的，并且是具体的，如：“Students will be able to read or write the vocabulary of this lesson./ Students will be able to use the language structures of this unit to discuss ...”等。

（2）说目标要注重说出目标的“层次性”。说课虽然针对的内容是一节课，但是我们在展开说目标时心中要有大局观念，那就是单元整体的大局观念。睿智的说课者在说目标时往往能够从本课的教学目标定位倒推到单元目标、模块目标、单元目标之间的联系、本册书的目标定位，甚至倒推到本套书系的目标定位上面去，并且联系前面说到的“学情”。只有站在这样的“大格局”中去看这一课的目标定位，才能更好地体现目标设计的层次性，更好地融入全部教学内容的视点和切入点，更能够体现一位说课者敏锐的视角和对教学的深入理解能力。

（3）说目标要体现目标的“科学性”。说课者在展示自己教学目标的定位时，除了注重层次和实际以外，还要注意想清楚自己所定的教学目标是依据什么维度来确定的。比如，除了关注学生语言能力的发展目标，是否有关注学生的情感和文化品质方面的目标定位，是否关注了学生的思维品质和学习能力的发展？这些维度在说目标时，都要注意有所体现。

（三）说教学实施

教学实施重在说教学策略和教学过程。说教学策略时应着重定位于以上说过的部分，即立足于目标、内容、学情，表达清楚自己的策略是基于前面三者当中哪些具体情况来制定的，将采用哪些教学方法来开展。

当说课者说到具体的教法设计和教学过程时，则应注意上升到理论高度。很多教师在说课活动中，往往只偏重对教法本身的设计、运用和实践，容易忽略将课堂教学的步骤进行总结提炼，使之与前面部分提到的相关教学理论或理念相结合，上升到理论高度并使之系统化、规律化。说课时，说课者应尽量把自己的每一个教法设计上升到教育、教学的理论高度并接受其检验，而且做到言之有理、言之有物，不能是机械的“穿衣戴帽式”的理论叠加或教学过程的叠加。

（四）说教学反思

英文说课需要说教学反思吗？说课不就是说一下我这节课准备怎么设计、怎么上的问题吗？很多英语老师可能都会有这样的疑问。其实，说课反思是完整的说课活动的最后一个环节，用时宜在 1 ~ 2 分钟，但是这一环节经常被说课者忽略。

我们可以考虑在“说反思”这一环节说一下说课者对相关的教学设计可能产生的教学结果的预测。说课者可以就相关的教学设计可能产生的结果及需要注意的问题做出说明；也可以对教学过程做出动态性预测，考虑到可能发生的变化及其调整对策。当然，是否需要采取“说反思”这一环节，很多说课比赛的评价标准并未对此做出硬性规定，具体是否采用得由说课者自身的掌控能力及对说课过程的谋篇布局来确定。

四、英文说课应避免的“雷区”

（一）避免过全而失分寸

前面所述说课所包括的各项内容，很多参赛的教师也会考虑到，而且会对照着赛事的评分标准一条条来设计说课稿，如果过于刻板对照评分标准，很有可能会走进这样一个误区——说课内容兼顾到了各个方面，但是却在每个方面都平均用力，没有把握好分寸，从而导致说课的重点不突出、不明显，评委和听众听完后也没有太清楚说课者主要想表达什么。

比如，有些选手为了展示自己较好的教学理念和理论运用能力，在10分钟的说课时间内，至少花了5分钟在教学设计、教学理念的陈述上，等到要说后面的教学过程和其他部分的时候，才发现时间已经非常紧迫，只能草草收场，导致过程也说不透，每个重要步骤也突不出，设计意图也道不明。又如，有些老师想要面面俱到，对每一项教学过程解说得过多、过滥，每一个教学过程都是平均用力去说，反而没有突出重点亮点，导致自己的说课平平无奇。

（二）避免“无本之木，无源之水”

有些老师在说课的时候非常注重说课形式的精巧设计，花了大量的辞藻和时间在堆砌自己的说课展示，虽然将一些教学过程展示得很详细、完整，但却忽略了最重要的一点：没有说清楚自己为何做这样的设计，这个设计的理念是从何而来的。说课的主要内容最好要有由来，说明课程内容为什么要这样设计。比如：在说教学目标时，是否有说明是根据什么来确定教学目标的；在说设计教学内容和教学方法的选择时，是否有说明是根据学情和教学目标来设计的；等等。这样就能够避免让自己的说课成为“无本之木，无源之水”，较好地体现自身的专业性和思考的深度。

（三）避免“紧张性语言失误”

现场说课对于展示者的心理素质也是很大考验，尤其还是用全英文说课。一是要避免语言使用上的语误，比如因为紧张出现一些不应该出现、平时也不会出现的语误，这些小失误过于频繁地出现容易造成评委对说课者语言能力的误判，也会影响说课成绩。二是要避免因为心理过于紧张，出现不必要的肢体语言，比如抓衣角、握拳、双手紧握等。这些都是说课者在紧张有压力的应激状态下的一些表现，笔者将这两类现象称为“紧张性语言失误”。它们不一定代表说课者真实的能力，但是从一定程度上来说，说课者会因为心理素质不够稳定，而导致自己英语语言和肢体语言都出现了表达不当的失误，从而使评委误判，但这些都是可以通过反复大量的练习来减少甚至避免的。

（四）避免“喧宾夺主”

英文说课还有一个“坑”特别要注意，那就是PPT的设计。有些说课者喜欢选用热情奔放、大红大紫、非常花哨的PPT设计模板，认为这样才能够体现自己的活力，吸引眼球。殊不知这种PPT的设计非常容易给人造成视觉上的冲击，长时间的冲击容易引起视觉疲劳，从而让观众感到烦躁而使注意力迅速下降。千万不要选用不当的PPT设计模板而导致“喧宾夺主”，那样反而得不偿失。真正出彩的是说课者的展示，而不是 PPT 的展示，所有的 PPT 都只是辅助的手段而已。

（五）避免“边说边教，混淆不清”

笔者在曾观摩过的多次说课活动中发现，有的说课者既没有低头读稿，也没有背稿现象，听起来也挺流畅，但是，在说的过程中却多次出现了“教”的现象。比如有的教师，说着说着唱起了一段挺长的英文歌，如英语课上在进行热身活动；又比如有的教师，说着说着发出了“Boys and girls, follow me!”的口令，还非常投入地带着下面的听众做起动作来，又唱又跳；更有甚者，完全照搬了课堂教学过程中的讲解环节，将一些重点环节的操作实地演示了一遍。这些情况都反映了说课者对说课概念模糊，尤其是分不清说课与模拟上课究竟有何本质的区别，这实际上也是说课能力不足的表现。英文说课与英文模拟上课是两项不同的教学展示活动，在后面的部分笔者将会谈到两者的异同。

第二节　英文模拟上课

一、什么是英文模拟上课

“模拟上课”又叫“模拟课堂”，通常也称“试讲”，是教师在有限的时间内，按照已设计好的内容和步骤，在没有学生的环境下，通过口语、肢体语言和各种教学技能与组织形式的展示而进行的一种教学形式。英文模拟上课要求上课教师使用全英文模拟课堂演示。模拟教学是人事、教育单位在招聘教师面试过程中经常采用的环节，近年也常被运用在各级别的教师教学能力大赛环节中。

模拟上课与真实授课最主要的区别是没有学生的直接参与，也就是说整个过程是教师在唱“独角戏”，它要求教师做好充分的预设并在相应的学生活动环节中巧妙过渡，考查的是教师的综合能力。

二、英文模拟上课的策略与方法

（一）心中有生，能演善演

模拟上课是在没有学生的环境中进行的，全程都是教师一个人在展示和演绎课堂，下面只有评委和听众，这对于教师的“演绎”能力就是比较大的考验了。参加模拟上课的教师不但要演得有板有眼、生动有趣、形象逼真，而且要能够比较全面地体现各方面的综合素质，包括体现比较新的教学理念、有效的教学手段、得当的教学评价、灵活的教学机智等。

上课教师要做到“眼前无学生，心中有学生”，把评委和听众当作学生，讲授重要的内容时可角色扮演学生，用学生的语气说出学生的回应，学会“一人分饰两角”。只有这样，才能呈现一节气氛活跃、互动性强的模拟课堂，才能打动和感染听课者，也才能够在短时间内使听课者对授课的内容有更清晰的了解。

（二）心中有课，思路清晰

模拟上课与说课一样，要求授课教师要有清晰的思路，不慌不忙地展示。模拟授课时，教师要在课堂演绎过程中体现自己清晰的教学思路。首先是做到心中有课，非常熟悉每一个教学流程，在哪一步需要展示 PPT、哪一步需要板书配合、哪一步需要提出关键的问题，等等。其次是做到尽量不忘词停顿，使自己的表达和教授过程顺畅。实现这一切的前提，就是不断地优化和反复练习。

（三）心中有“情”，设计新颖

与真实课堂一样，模拟的英语课堂同样离不开情境的创设，情境创设在模拟授课中的要求甚至会更高。由于模拟授课是限时进行的关系，授课教师在情境创设的手段和体现方式上需要更加精心考虑，情境的创设应该更加直观和聚焦，尽量做到在最短的时间内，让听课者感受到所创设情境的合理性和有效性，这考的就是设计者和授课者的“真功夫”了。

（四）心中有度，画龙点睛

在各种竞赛或展示活动中，模拟上课的时间通常只有 10 ~ 15 分钟，因此这就要求授课者一定要在时间的分配上把握好度，哪些部分是需要展开来演示的，哪些部分是只需要粗略带过的，这都要把握好。

通常来说，一节课的精华部分要着重演绎，花较多比例的时间来展示，尤其是有师生互动的环节，更应该巧妙地模拟学生在教师的启发下充分思考、获得知识的过程，力求在短时间内能够深刻、生动地让听课者听得明白、听得清楚，起到画龙点睛的作用。

（五）充分预设，适度留白

模拟上课的特征虽然是“模拟”，但是它的本质仍是上课。预设时，问题要突出，最好能清楚地展现预设如何做，面对可能出现各种不同的学情，巧妙地抓住不同学情的契机开展教学，生动真实地模拟上课的片段，才可能出奇制胜，脱颖而出，得到较好的评价。

真实的课堂需要预设学生，当然也要给学生“留白”和思考的空间，以发展学生的思维能力。模拟上课越接近真实课堂就越精彩，所以，尽管是模拟上课也要在充分预设学生的语言“生成”的前提下，学会适度“留白”，不能穷尽学生所有的“可能性”。

建议模拟授课的老师注意两个层面的“留白”：一是不需要将所有环节中提出的所有问题都以学生的角色一一回答，一些众所周知的回答就无须演绎了，这也是为了给自己留出宝贵时间来突破和展示重难点；二是从设计上去“留白”，对学生提出思考和促进他们思维发展的问题，一定要给予时间去讨论和思考，这也是一种“留白”的手段。

三、英文模拟上课时应避免的“雷区”

（一）忌把“模拟课”上成“说课”

在一些模拟上课比赛活动中，有些教师没有太注意把握好模拟上课和说课的界限，把“模拟课”上成了“说课”。比如，有位教师在模拟上课比赛中一上来就打开幻 PPT，用说课的表达方式说：“Now, let’s move to the presentation. I will show the class a video and they’re going to watch it.”这位教师播放了一小段视频后，接着对评委说：“After watching the video, the students will think about and answer my questions. Please look at these three questions ...”这位教师的语言表述方式和演绎方法采用的是陈述式的说课的方式，并不是模拟上课。因此，教师们在模拟上课时一定要注意处理好这个界限。

（二）忌照本宣科，生硬无趣

有些教师虽然精心准备好了模拟上课的稿子，PPT 和板书等辅助手段也到位了，一上场也很熟练地按照预先设定的步骤，一张一张地播放 PPT，按照准备好的教案按部就班地讲下去，但是没有预设，没有对话，自言自语。这样的模拟课堂是生硬无趣的，无法引人入胜，更加难以打动人，听众一看就能够感觉到这位教师眼前没有学生，心中更无学生。

（三）忌面面俱到，蜻蜓点水

模拟上课是限时的，要在一定时间内展示好通常一节 40 分钟的课才能完成的教学设计，这就要求上课的教师要做出精心的安排。有的教师为了展示自己对每个教学环节都考虑周全了，在模拟课堂上给每个教学环节都分配了差不多的时长，这样讲下来就会出现一个局面——每个教学环节都显得很仓促，让评委和听众感觉教师并没有让学生把内容学透、理解透，都是蜻蜓点水，一带而过；而且也很容易出现“虎头蛇尾”的现象，因为前面环节用的时间过长，容易导致后面时间不够草草收场。所以，科学设计的模拟课堂一定不能面面俱到，而要有所侧重，在有限的单位时间内突出重点和精华部分。

（四）避免不必要的“口头禅”

无论是学校招聘面试的模拟上课还是模拟上课比赛，都会给上课者带来一种紧张而有压力的环境和气氛。有的教师一站在讲台上，由于过于紧张，就会按照自己最习惯的方式来讲课，尽管之前在台下已经练习过很多次，但是一些习惯性的表达和动作还是会不自觉地冒出来。最明显的就是教师的口头禅，有些英语教师很习惯在讲课时，每一两句话就带个口头禅，比如：so，now，then，and，How about...？等等。这是非常影响授课者的整体语言面貌的，因此要求我们一线英语教师在平时就要非常注重训练自己尽量不出现这个问题，尽量养成上课不用“口头禅”的习惯。

（五）忌过分热情，“咄咄逼人”

有些教师是非常活跃、热情奔放的，尤其是在比赛的舞台上，过于“放飞自我”。他们看到台下都是评委，就不断地提出问题跟评委交流，每提出一个问题目光都不曾离开过评委，一直与评委对视；更有甚者，还直接走到评委席前面，做出一副热切期盼评委回答的样子。模拟授课中，教师可以将听众和评委当成学生的角色，与对方有适当的互动，但是切记不能过分热情，这样给人一种“咄咄逼人”的压力，会直接影响上课者在评委心中的形象。

第三节 “两课”的区别及对青年教师专业成长的启示

一、英文说课与模拟上课的区别

（一）对教师表现能力的考查侧重不同

模拟上课跟说课相比，“模拟上课”更侧重于对教师综合素质和实践能力的反映。换句话来说，说课与模拟上课对于教师完成度的考查，其目的是不一样的：说课在于说课者能不能把课说明白、说清楚，让听众听明白；模拟授课更主要的是看授课者能否将课展示清楚、讲清楚，让学生听明白。

（二）两者表现形式不同

说课难在“背”，而“试讲”则难在“演”。说课侧重看说课者能否做到理据合一、行云流水地表达出自己对教学理念的理解、对目标定位的把握、对教学过程的熟络，等等，只需要一气呵成，完整展示即可。而模拟上课除了要在授课过程中展示自己的理念和设计以外，还要求教师有活跃气氛、调动启发的控场能力，活灵活现地将课堂还原。“说课”是一种课前行为，“模拟上课”则是一种课堂行为。

（三）展示者与听众身份不同

说课时，说课者需要将其面对的听众当作其“同行”的身份，说课的过程其实就是说课者与听众共同探讨“本课怎么上更好”的一个过程，或者是说课者向同行展示自己对本课的理解与设计的研讨过程。

在模拟上课时，授课教师可以将台下的听众当成是模拟的学生群体，自己则是授课教师的角色，身处在台上重演课堂的场景。在这样一个场景中，授课教师不再是一个叙述者，他可以与台下听众有适当的互动，教师此时就是一个上课者。

（四）对整体性的处理灵活度不同

不管是说课还是模拟授课，两者都有相应的时间规定。但在规定时间内的说课中，一定要完整呈现一个课时，对于说教材、说学情、说目标、说重难点、说教法学法、说教学过程、说教学手段、说教学过程以及说板书等步骤，要尽可能完整呈现。

“模拟上课”的形式相对灵活。模拟上课时，如果没有在规定时间讲完，也不必过于担心，授课教师可以灵活地结合自己最后的设计，运用一定的教学机智，不着痕迹地略过某个小步骤，尽快结束课堂。因为在模拟授课中，主要是看整体的设计和演绎互动是否足够精彩，是否能够非常好或者较完美地呈现出一两个知识点或重点环节。

二、“两课”对青年教师专业成长的启示

英文说课和模拟上课，都是考察英语教师的综合素养，是对教师思想素质、理论底蕴、创新能力、教学功力等做全方位的评价，同时也从另一个侧面对英语青年教师提出了以下专业素养发展的要求，即专业成长的目标与方向。

（1）具备良好的英语语言面貌，包括字正腔圆的标准的英语语音语调及地道流利的英文表达能力和交流能力。

（2）注意服饰得当，仪表大方，表情自然，动作得体，自信淡定，具有良好的心理素质和控场能力。

（3）具备较深厚的英语教学理论功底，对英语教学理念有较全面深入的理解力，对英语教学前沿动向有较敏锐的触觉，并能够举一反三，在实际教学中加以灵活的实践运用。

（4）具备良好的语言表达能力和课堂驾驭能力，能够脱稿说课、脱稿模拟上课，说出美感，语流适中，有高低抑扬语调变化，能够调动课堂气氛，善于互动，说课或教学效果佳。

（5）具有扎实的英语教学基本功，除语言技能外，掌握多种技能，如简笔画、板书设计、课件制作等多项技能，能够为英语教学增分添彩。

（6）具有批判性思维和较强的创新能力，能够在基本的设计中脱颖而出，突出自己的风格和创造性。

对于比赛而言，评委在“教师素养”的衡量上有自己的着力点：综合教师多方面素质表现，将教师教学基本功和创新能力合理分级归档，凸显出教师教学优势和特长等价值导向。这个过程最终体现出一个原则：“教师素养”评价与整个说课或模拟上课的质量评价应当保持一致。教师素养好，不一定说课或模拟上课效果就好，总体上应该是顺应的关系；但要是教师素养不达标，说课和模拟授课的效果则肯定不够理想。

英文说课与模拟授课虽然只是英语教师教学生涯中的两种教学活动，但是对于推动教师专业素养发展具有重要意义。一位英语青年教师当然不可能因为参加一次说课或模拟授课就迅速改变和提升自己的能力素养，但只要沉下心来，找准自己的定位，反复琢磨、多加练习，不断训练和锻造自己，假以时日，自身的能力和素养就会发生不一样的蜕变，从而实现质的飞跃。

第九章

小学英语课堂教学板书

随着信息技术在小学课堂的运用，广大年轻教师开始逐步习惯于利用现代化教学手段进行教学活动。教师们借助网络资源和利用信息技术手段，实现多模态教学方法的运用，同时能利用多媒体的形式，借助 PPT、Prezi、Articulate 等目前流行的课件制作工具，以及电子白板课件工具，将教学内容生动地呈现给学生。这也导致部分教师忽略了传统板书的作用及其重要性。在信息技术时代，信息技术教学能力是当代教师必须具备的技能之一，但与此同时，我们应认识到板书技能也是教师不可忽视的一项基本技能，它同样对教师职业发展和教学效果影响重大。

英语板书作为我们英语教学重要的组成部分，是英语课堂教学中极为常见但又非常有用的教学资源。小学英语教师都应了解、重视英语板书，且要学会如何精心设计，以充分发挥板书对小学英语课堂的辅助作用。笔者将结合教育教学理论、文献综述以及个人教学实践经验，初探小学英语课堂板书设计，愿与同行的教师们一起探究以下三个问题：什么是小学英语课堂教学板书？它有什么功能？如何设计小学英语课堂教学板书？

第一节　小学英语课堂教学板书的意义、类型和原则

一、小学英语课堂教学板书的意义

小学英语课堂教学板书是指教师在小学英语课堂上，利用粉笔或者马克笔在黑板或者白板上，运用字母、单词、语句、文字、符号、表格、图形、图片、简笔画等形式向学生呈现教学核心内容的教学行为。

有的教师将英语课堂教学板书看作教师在英语课堂上的微型教案，它可以折射出一节课的目标定位是否精准，重难点把握是否到位，活动设计是否层

次清晰，以及教师是否关注学生学习的主体性等；有的教师将英语课堂教学板书比喻为一节课的精华，它涵盖了本节课的话题、功能、内容和评价；而有的教师则将其比喻为英语课堂可视化的路线图，它让课堂活动变得可视化。

北京市育英学校的许晓滨老师在《好板书：见字如面　增智育美》中指出：好的板书，作为“微型教案”展现的远不止一节课，更可拓展至一个宏观世界——集教材的“编路”、教师的“教路”和学生的“学路”于一体的综合体现。因此，从某种意义上说，板书设计和运用的优劣决定了课堂教学的成功与否。可见，英语板书在课堂上的地位极其重要。

笔者认为，板书是教师的一个看家本领。能写得一手好字，能画得一手漂亮的简笔画，能清晰“勾勒”出教学重难点知识，能巧妙设计奖励机制，能轻车熟路“驾驭”课堂随机生成内容，不仅是教师具备扎实教学基本功的体现，同时也是教师具备较高专业素养的体现。“雕琢”板书就是“雕琢”教学的过程。

二、小学英语课堂教学板书的类型

在实际教学过程中，我们可以根据不同的教学内容和教学对象设计不同的英语课堂教学板书。在小学英语课堂中较为常见的英语板书类型有以下几种。

（一）思维导图式

思维导图式的小学英语课堂教学板书是指教师通过思维导图将各级主题的关系用相互隶属与相关的层级图以放射性的方式呈现出来。思维导图式的板书逻辑清晰、层次分明，通过构建主体与局部之间的关系，突出重要内容，有助于知识结构化，同时也便于学生对知识进行理解、迁移和转化，帮助学生记忆重难点知识，促进学生思维的发散。如 PEP 人教版小学《英语》三年级上册 Unit 4 We love animals Part A Let’s learn 的课堂板书可以设计成如图 9-1 所示。

图 9-1　We love animals 板书

【板书注释】板书中以 Animals 为第一层级，以动物相关的词汇为第二层级，问号区域便于板书关于动物类的更多词汇，以丰富第二层级的内容，开拓学生思维，构建主体意识。

（二）表格式

表格式的小学英语课堂教学板书是指教师将教学的核心内容或者信息按照项目逐项填写在表格中，通过呈现关键词的方式“集成”教学主要信息。表格式的课堂板书具有概括性强、层次清晰的特点，能理清信息，归纳教学内容。如 PEP 人教版小学《英语》五年级上册 Unit 3 My school calendar Part C Story time 的课堂板书可以设计成如图 9-2 所示。

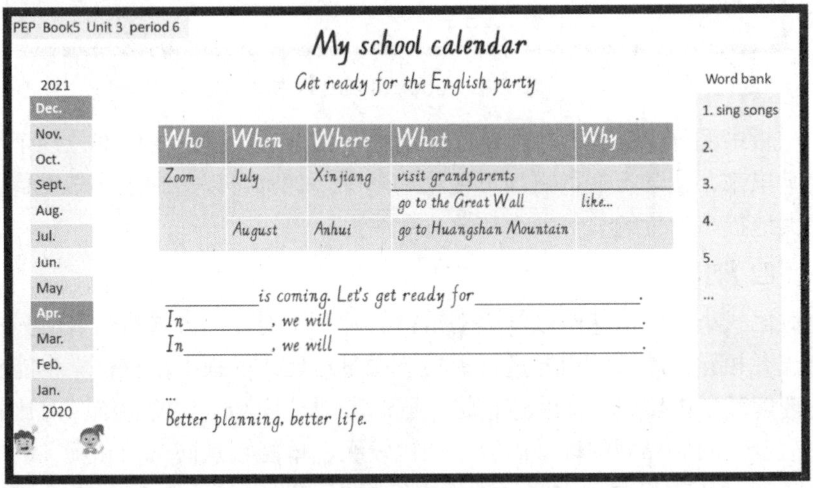

图 9-2　My school calendar 板书

【板书注释】板书利用表格的形式呈现故事的信息，随着教师讲解的深入，关键词语被逐一填入表格，教师引导学生通过故事阅读常用的五个维度去剖析故事内容，这样能帮助学生理清和归纳故事的主要信息，便于学生复述故事。表格中的留白，可以锻炼学生的自主思考能力。

（三）简笔画式

简笔画式小学英语课堂教学板书是指教师利用简笔画生动活泼地呈现教学内容，能帮助学生从抽象思维过渡到形象思维。简笔画式的板书能吸引学生的注意力，具有趣味性，是一种知识呈现方式，能有效地帮助学生理解知识。如 PEP 人教版小学《英语》三年级上册 Unit 3 Look at me Part A Let's learn 的课堂板书可以设计成如图 9-3 所示。

图 9-3 Look at me! 板书

【板书注释】板书中教师通过简笔画，将卡通人物的身体部位逐个用线条勾勒出来，让学习变得更加可视化和形象。教师可以边画边让学生猜，便能极大地提高学生的学习兴趣和学习专注力。

（四）对比式

对比式小学英语课堂教学板书是指教师利用对比的方式将具有明显的相似点或者相异点的教学内容进行板书。通过对比式的板书呈现，学生能更高效地理解教学内容，也能快速记忆，同时养成求同和求异的思维。对比式的板书适合有明显异同的教学内容，如比较级、单复数、同义词和反义词的学习等。通过比较板书的内容，教学内容得以鲜明呈现。如 PEP 人教版小学《英语》六年级下册 Unit 1 How tall are you? Part A Let's learn 的课堂板书可以设计成如图 9-4 所示。

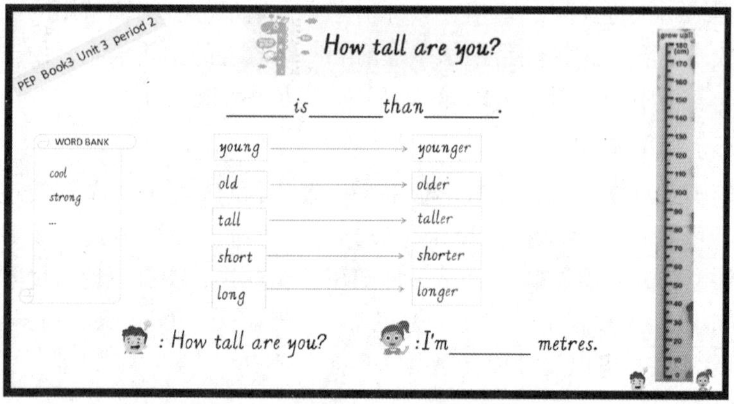

图 9-4 How tall are you? 板书

【板书注释】板书中形容词的原级和比较级的对比一目了然，能帮助学生理解和记住形容词比较级的变化形式。

除了常见的词汇句型课可以设计为对比式的板书外，一些绘本故事也可以采用对比式的板书方式，如 RAZ 中的绘本 *Nothing for Father's Day* 的板书（见图 9-5）。

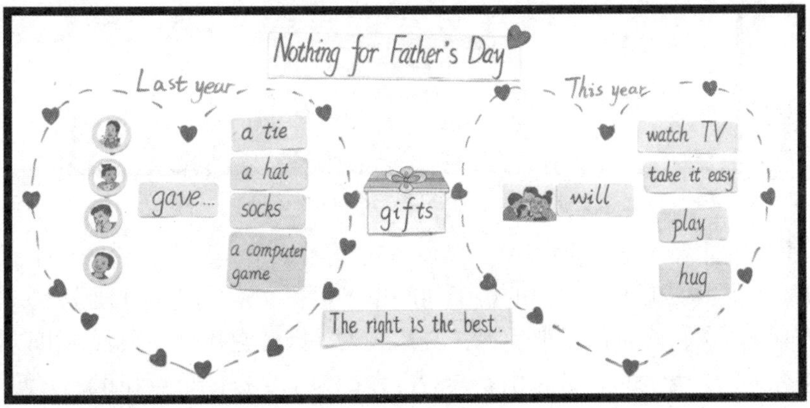

图 9-5　*Nothing for Father's Day* 板书

【板书注释】对比式的板书，能帮助学生梳理故事信息，能让学生清晰地知道 last year 和 this year 家人在父亲节给父亲准备的礼物是不一样的，从中感知这节课的育人价值："The right is the best."

（五）线索式

线索式小学英语课堂教学板书是指教师根据教学内容，图文并茂地还原故事情节，勾勒故事的发展脉络，理清故事的梗概，为学生理解故事和复述故事提供帮助。线索式的板书比较适合故事教学，特别是有情节、有线索的故事，如 RAZ 绘本 *The little red hen* 的板书（见图 9-6）。

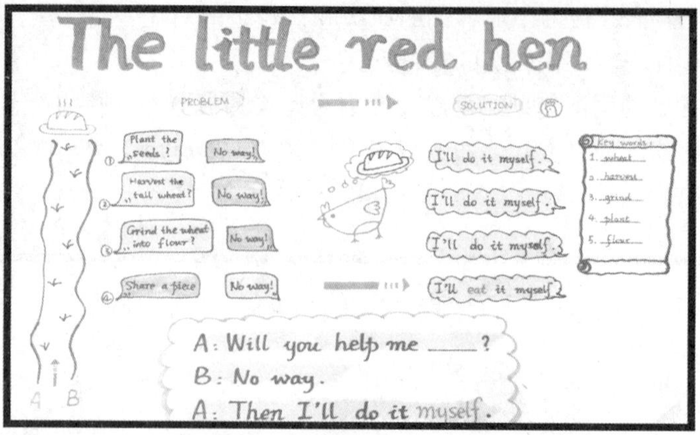

图 9–6 *The little red hen* 板书

【板书注释】通过标定序号 1、2、3、4 的线索式板书，将 red hen 制作面包的过程提炼出来。这样的板书勾勒出了整篇文章信息，方便学生从整体了解故事内容，同时便于学生抓住文章线索。因此它指导性很强，可以在为学生提供层层线索的同时简化复杂的过程，为学生提供重点知识，方便学生理解和记忆。

小学英语课堂教学板书的类型远远不止笔者所罗列的这几种，教师可以根据自己对教材的理解，结合教学实际和学情，创新设计出不同类型且能体现教材精华、有助于学生理解教材和拓宽知识面的板书形式。

三、小学英语课堂教学板书的原则

学者郭友在其著作《新课程下的教师教学技能与培训》中提到板书的设计应是科学准确、言简意赅、规范美观、清晰有条理、类型多种多样、富有启发性的。学者吴禹春和丁日杰在《论板书的意义、作用以及原则》中将板书的原则概括为以下几点：设计目的鲜明、设计内容有针对性、设计内容应是一节课的精髓等。学者王北生在《教学艺术论》一书中认为教学板书设计的原则有：精心设计，充分准备；区分主副，合理布局；提纲挈领，重点突出；准确科学，系统完整；简明扼要，画龙点睛；书之适时，擦之有序；有的放矢，生动活泼；书写美观，字迹工整；设计精当，讲求美学；形式多样，因人制宜。不同的学者对教学板书的原则提出了不同的见解，但综合分析各种原则，我们不难总结出以下共性原则：目的性、示范性、条理性、多样性、趣味性、实用性、生成性。

（一）目的性

小学英语课堂教学板书要基于教学目标来设计，并以教学目标为导向，以课时的话题、功能、内容、目标、过程、方法等为引领，具有目的性和功能性的特点。所以，我们在进行小学英语课堂教学板书设计之前，要对教学内容做分析和解读，明确教学目标；再基于教学目标，明确板书目标。板书的目标设计包括板书中呈现的目标词汇、目标语言，以及板书中的评价机制和语用支架。

（二）示范性

教师是学生学习的榜样。教师在板书的过程中所呈现的书写、构图、色彩搭配等都会成为学生学习的资源。所以，教师在进行课堂板书时一定要注重规范、正确和严谨，要做到书写美观、字迹工整、布局美观、排版工整。英语教师在进行课堂教学板书时，要把握英语字母书写的基本笔画、大小、间距。单词应大小适中，让后排学生能看得清楚；句子的书写应注意间隔，甚至标点符号都要保证准确。对于小学生而言，教师的板书不仅是传授知识的书面语言，更是指导学生养成良好书写习惯的范本。

（三）条理性

板书既是服务于教学的资源，也是培养学生思维品质的工具。在我们实际教学中，板书与教学活动的推进是同步进行的。要使我们的板书能发挥其直观、形象和概括的特点，就需要我们的板书设计条理清晰、层次分明、逻辑清楚。因为内容编排和逻辑设计也会影响学生的逻辑思维。

（四）多样性

由于教学内容的题材丰富多样，学习的对象也各不相同，因此板书具备多样性的特点。在小学英语课堂上，比较常见的板书形式有思维导图式、表格式、简笔画式、对比式、线索式等。正因为板书没有固定的模式可以遵循，因此教师在设计板书时有更多的创作空间。我们可以根据教学内容的特点以及学生的学习需要和学习特征，灵活选择合适的板书形式，以达成教学目标。

（五）趣味性

根据小学生的年龄特征和学习特点可知，他们喜欢新鲜有趣的事物，因此教师在进行课堂板书设计时，要关注到板书的趣味性。充满趣味的板书设计，不仅像一幅美丽的图画，能给人以美的享受，同时也能吸引学生的注意力，激发学生学习的兴趣，促进学生积极思考，提高学生学习的效率。

（六）实用性

板书的目的在于帮助学生。板书设计的原则应是帮助学生理解知识，不能是为了设计而设计，空有花架子。呈现在板书上的内容，一定得是方便学生按照教师的教学思路去分析、理解问题，帮助学生更好地掌握知识或是构建知识体系的，板书时切忌不做筛选，把有用的、无用的信息都呈现出来，这样的话反而会增加学生理解的难度。所以教师要根据不同年龄、不同年级设计不同形式的板书。

（七）生成性

一节有生命力的课堂是能看见学生成长的课堂，同样，一个有生命力的板书设计也要能体现学生输入和输出的成长过程。在实际教学中，很多教师提前设计好板书内容，做好词条、句条，上课时只需要跟随教学活动一一张贴在黑板上即可。这样的课堂显得生硬和刻板，同时也往往容易忽视学生在课堂即时生成和产出的知识。所以，教师在设计板书时，除了预设好板书重难点的区域，还要预留一定的区域板书课堂即时生成的内容，如课堂上学生提出的关键性问题、学生说出的关键性词语，或者是课堂提炼的知识和学生感悟的道理。

第二节　小学英语课堂教学板书的功能和方法

一、小学英语课堂教学板书的功能

全国著名特级教师刘显国老师在《课堂教学艺术丛书》中曾指出："精湛的板书是撬开学生智慧的杠杆，是知识的凝练和浓缩，是老师的微型教案，能给人以志得神怡的艺术享受，它是课堂教学的缩影，是指示课文中心的导读图，是透视课文结构的示意图，也是把握重、难点的辐射源。"王松泉老师在《板书学》一书中提出板书在课堂教学中的功能：体现教学意图、揭示教材思路、突出教学重点、强化直观现象、便于集中注意、有利巩固记忆、节省教学时间。由此可见，板书在课堂教学中发挥着非常大的功能。

（1）对教师的课堂教学而言，板书是教师教学的工具和手段之一。这个工具将教师的课堂语言转化为可视化的书面语言，能有效地帮助教师传递教学信息，阐述和陈述教学内容，使得教学内容鲜明具体，使得教学重难点突出，教学要点条理清晰，教学进程井然有序，教学成效更加凸显。每一节课的课堂板书是教师根据教学内容对所教授的知识进行概括和提炼的表现形式，它能传递出教学的重难点知识。与此同时，教师在教学中，其板书是跟随教学活动进行的，边讲解边板书，讲与写相辅相成，板书循序渐进、井井有条，教学进程自然就井然有序。有了板书，教师就可利用板书设疑、提问、分析、归纳，十分方便。整个教学过程就能在学生积极的思维活动中进行，从而达到预期的教学效果。

（2）对于学生的课堂学习而言，板书是学生的学习资源。有关研究资料表明，在人所获得的全部信息中，听觉占 11%，而视觉占 83%，其他（触觉、嗅觉等）只占 6%。因此学生在学习过程中，多感官学习能使学习成效最大化。首先，板书作为一种可视化的学习资源，涵盖了文字、符号、图表、图片等丰富多样的教学信息，将知识学习变得更加形象、生动和直观，能吸引学生的注意力，提高学习的主动性。其次，板书涵盖了课堂教学的话题与语言知识，能体现课堂教学的重难点知识，具有引导学生掌握学习重点，顺利解决难点等作用，能帮助学生记忆、分析、消化、巩固所学知识，从而促进学生各方面能力的提高。

由此可见，小学英语课堂教学板书是教师和学生一起建构知识的过程，是我们小学英语课堂教学非常重要且不可或缺的一部分，它对教师的教以及学生的学都起着至关重要的作用。

二、如何精心设计小学英语课堂教学板书

设计小学英语课堂教学板书涉及对教材内容、教学对象、教学目标以及重难点知识的分析，甚至要体现教师的个人教学风格等，因而每个板书的设计都是一个从构思到定型的过程。既然"雕琢"板书是"雕琢"教学设计，那我们在"雕琢"板书时有哪些技巧呢？下面笔者将和大家分享两点设计技巧。

（一）遵循路径，设计有法可循

根据目标导向的设计原则，我们在进行小学英语课堂教学板书设计时，先要明确板书的目标。基于对教学内容的分析，确定教学目标，再根据教学目标来确定板书内容。因此每节课的板书目标是基于对教学内容的分析。在进行小学英语课堂教学板书设计时，我们可以遵循以下设计路径（见图 9–7）。

图 9–7　板书设计路径

笔者结合教学实例，用实训案例剖析如何根据板书设计的路径来进行板书设计。以 PEP 人教版《英语》五年级上册 Unit 4 What can you do? Part C Read and write 的板书设计为例。从主题语境图中我们可以得知本单元主要学习 can/can't 的表达，学生要学会用英语询问他人是否会做某事，且能用 can/can't 去描述自己能或者不能做的事。Read and write 是本单元的第五课时，是读写课的板块。接下来我们根据板书设计路径图来展开板书设计（见图 9–8）。

分析教学内容

此板块的内容是一篇关于 Robin 的交友信息，文本内容主要是关于 Robin 的自我介绍，包括了它的名字、性格，以及它会或不会做的事情。

本节课将会是一节读写课，学生在所提供的交友语境中，能理解文本大意，提取文本的关键信息，且能概述文本内容，以读促写，最终笔头输出一篇关于自我介绍的语篇。

文本中的核心句子是：This is ________.

He is ________.

He can ________, but he can't ______.

What can you do?

↓

确定板书

标题：PEP Book 5 Unit 4 What can you do?

核心词汇：friendly，funny，robot，

speak Chinese and English，

do some Kung fu，

play ping pong，swim

核心句子：He/She can ...

But，he/she can't ...

↓

设计板书

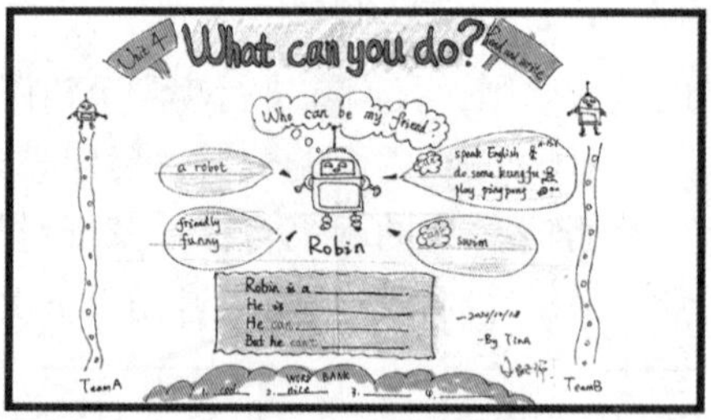

↓

检测板书

☆板书是否体现了话题、功能、内容、目标、过程、方法？（　）

☆板书是否工整美观、简洁明了、重点突出、条理清晰？（　）

☆板书是否具有趣味性？（　）

☆板书是否注重知识的生成性？（　）

☆板书是否实用？（　）

☆板书是否灵活？（　）

☆板书是否体现教学评一体化的过程？（　）

图 9-8　What can you do? 板书设计路径

根据板书设计路径图，我们最终设计的板书如图 9-9 所示。

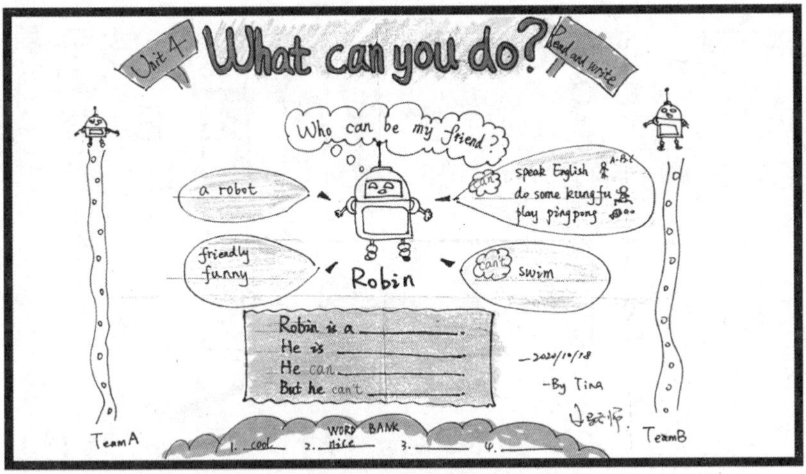

图 9-9　What can you do? 板书

【板书注释】板书中主题鲜明，重难点突出，且用思维导图的方式呈现 Robin 的个人信息，不仅可以让学生根据思维导图清晰了解 Robin 的信息，与此同时，还可以让学生借助思维导图去有逻辑地介绍 Robin，更重要的是可以让学生根据这个思维导图工具，罗列自己的个人信息并进行描述，真正实现板书最大化地服务于教学，帮助学生以读促写。

（二）精妙有趣，巧妙“提亮”设计

无论是教师技能竞赛中的板书设计，还是现场展示课的板书设计，抑或是我们日常教学中的板书设计，具备吸引力的板书是教学设计中的加分项。那如何让我们的板书更有吸引力呢？除了在宏观上构建板书路径之外，我们还可以从微观上巧妙“提亮”设计。

第一个技巧是巧画简笔画。考虑到小学生的年龄和学习特点，我们可以将多元有趣的元素融入到板书中，来增加板书的趣味性，比如用趣味字母画出可爱动物。在学习动物主题的单元时，我们可以用 26 个字母画出不同的动物，从简单的字母出发到动物图像的逐步呈现，吸引学生的学习注意力，提高学习的兴趣，增加课堂的趣味性（见图 9-10，可扫码看视频指导）。

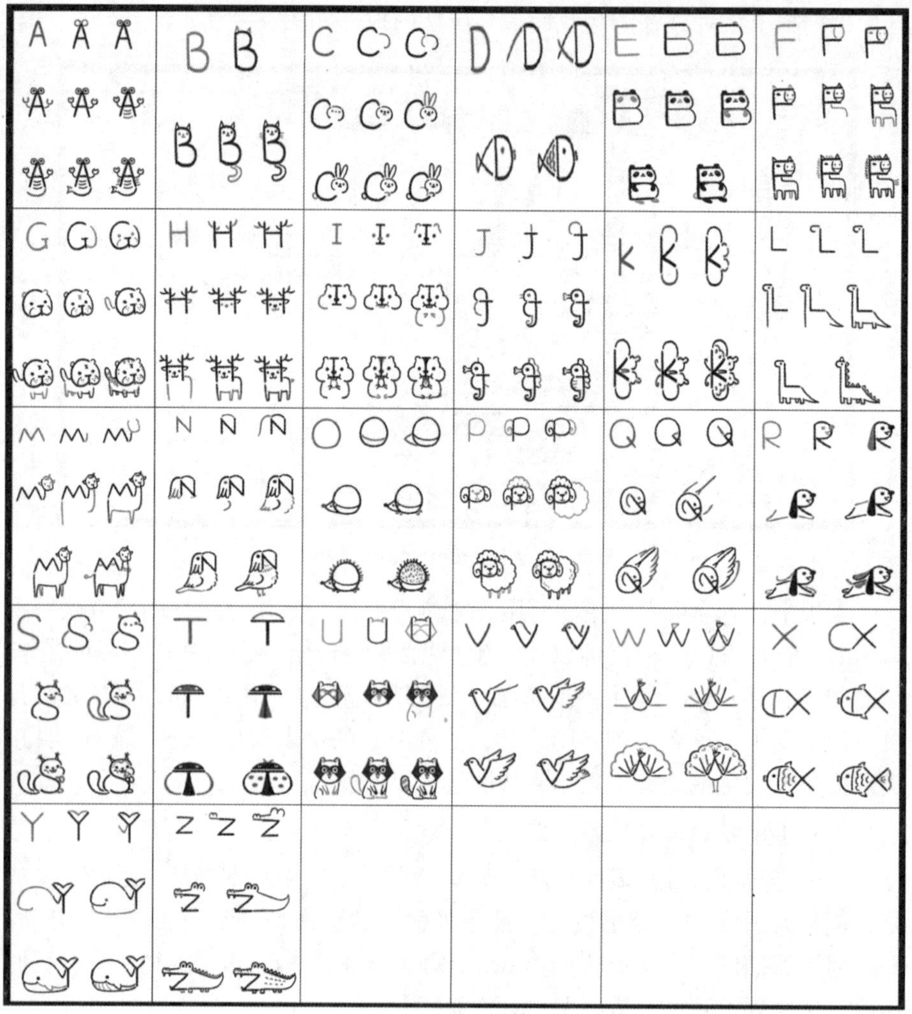

图 9-10 字母动物画

除了用字母画动物之外，我们还可以创新，如图 9-11 所示，用字母画生活用品、植物、人物等。

图 9-11　字母画

除此之外，我们还可以用趣味数字画出美味食物。在学习食物主题的单元时，我们可以用数字画出不同的食物。趣味的数字和美味的食物相结合，同样能吸引学生的学习注意力，提高学习的兴趣，增加课堂的趣味性（见图9-12）。

图 9-12　数字画

第二个技巧是巧布局和构图。板书中的构图是指板书把课题、语言知识点、图文信息等适当地组织起来，构成一个协调、完整的画面，其中包括各区域的排版以及文字的详略大小和去留、符号的运用等；而布局是指各部分板书在黑板上的空间排列。根据小学英语教学内容的特点，我们一般将板书分为四个区域，分别是标题区、核心功能区、随机生成区和教学评价区。标题区用于板书课题；核心功能区用于板书核心语言，包括词汇、短语、句子；随机生成区则用于板书当节课随机出现或者生成的关键信息，如学生所提的关键性问题、教师教授的拓展性知识等；教学评价区用以呈现奖评机制。

我们在设计小学英语特别是低年段的课堂板书时，可以利用 Hamburger 构图法（见图 9–13）设计，可用抖音扫图 9–14 二维码看视频解析。

图 9–13　Hamburger 构图法

我们的课题就如 Hamburger 的第一层面包，它在板书布局中占据最上方。而核心功能区就好比 Hamburger 的中间夹层，它是一节课中最有“营养”的内容，所以它占据了整个板书构图最核心的地方。随机生成区就如汉堡的底层面包，托起整个板书设计。教学评价区可布局在整个板书的两侧。

图 9–14　Hamburger 构图法视频讲解

第三个技巧是巧设奖励机制。在教学中，板书的评价功能很容易被教师遗忘，导致很多教师在板书设计时往往忽略了评价机制的设计。板书中的评价具有长效性、及时性、持续性、可视性的特点。教师将奖励机制设计在板书中，并利用奖励机制及时对学生的课堂学习行为做出评价，符合小学生争强好胜的年龄特点，能激励学生更加主动参与学习，并能使课堂更有活力。在小学英语课堂教学板书中可以设计以下两种类型的奖励机制。

第一种是生成性的奖励机制，如图 9–15 所示（扫二维码看视频解析）。

图 9–15　板书的生成性奖励机制

其操作方法是教师用画画的方式来奖励学生各方面的优秀表现，如学生能大声朗读时就给小人画一个嘴巴，能仔细听讲时就给小人画耳朵等，直到画出一个完整的人，那全班同学每人即可获得教师对应的奖励。除了案例中的画人设计，我们还可以根据学习主题的不同来设计对应的生成性奖励机制，比如学习动物主题时，我们可以画动物；学习衣服主题时，我们可以画衣服等。生成性的奖励机制具有递进性、激趣性、可视性和生成性的特点，且与学习主题相关。这种评价机制的设计不仅与教学内容贴切，而且又能激励全班学生团结协作共同完成课堂学习任务。

图 9–16　板书设计视频讲解

第二种是分组激励型。可用抖音扫图 9–16 二维码学习如何设计板书，比如图 9–17 中的这个板书设计，下方的左右两边是奖励机制。

图 9-17　板书的分组奖励机制

其操作方法是教师将学生分组，课上根据每组学生的表现奖励苹果，最后获得最多苹果的组别为赢家，对应的组员即可获得教师的奖励。组别可以按座位分小组或者大组，也可以按性别分男女组。激励方式可以根据学习内容来设计，比如学习食物主题时，可以设计两组竞赛爬梯子抢食物，先爬上梯子取到食物的组为赢家；学习衣服主题时，可以设计两组竞赛给衣橱添加服饰，衣服数量最多的组获胜；学习植物主题时，可以设计给花浇水的奖励机制，获得足够水珠的组即可为小组养殖的花朵浇水，成为赢家；学习月份的表达时，可以设计“跨年”比赛，先到达下一年的即为赢家等（见图 9-18）。分组激励型的奖励机制的设计也具备递进性、激趣性、可视性的特点，同时也和学习的主题相关，能激发学生的学习兴趣，吸引学生注意力，培养学生的竞争意识，加深学生的主体意识，实现教学评一体化的过程性学习。

图 9-18　分组激励型板书设计

你了解小学英语课堂教学板书设计吗？你重视小学英语课堂教学板书设计吗？你知道如何设计小学英语课堂教学板书吗？相信教师们对这三个问题有了自己更深入的见解。以上是笔者对小学英语课堂教学板书设计的一些浅显见解。希望教师们能重视英语板书设计，要深入地学习和研究板书设计与应用的理论知识，并切实在教学实践中落实板书设计中的书写规范、目标清晰、重难点突出、构图美观以及设计合理的原理，从而在真正意义上发挥板书的作用，为小学英语课堂教学增添色彩。

第十章 青年教师如何做好教学反思

我们在共同探讨“青年教师如何做好教学反思”这一话题前，不妨先从一个故事开始。

春秋时代，有一个宋国的农夫，他每天早上很早就到田里工作，一直到太阳下山才收拾农具准备回家。有一天，农夫正在田里辛苦地工作，突然间远远跑来一只兔子。这只兔子跑得又急又快，一个不小心，兔子撞上稻田旁边的大树。这一撞，撞断了兔子的颈部，兔子当场倒地死亡。一旁的农夫看到之后，急忙跑上前将死了的兔子一把抓起，然后很开心地收拾农具回家，准备把这只兔子煮来吃。农夫心想，天底下既然有这么好的事，自己又何必每天辛苦地耕田？从此以后，他整天守在大树旁，希望能再等到不小心撞死的兔子。可是许多天过去了，他都没等到撞死在大树下的兔子，反而因为他不打理农田，田里长满了杂草，一天比一天更荒芜。

想必各位读者看完这个故事后会不约而同地道出这个故事的名字。是的，这个故事便是家喻户晓的“守株待兔”。这个故事除了告诉我们不要抱着侥幸心理，妄想不劳而获之外，其实还告诫了我们切勿死守狭隘经验，不知变通（“株”指露出地面的树根，比喻原来的经验；“守”指遵循狭隘经验，不知变通，死守教条）。从故事推及自身，身为教师的我们不能死守狭隘的已有的教学经验和模式，需学会变通。这个“变通”，笔者认为突破点在于反思，从反思固有中寻找更优，力求“走出窠臼，走向新生”。正如华应龙先生所言：“教学的生命力不是‘复制’而是‘刷新’。”[1] 有效的教学反思，可成就一个个教学的精彩及点亮生命灵魂的瞬间。

那么青年教师如何做好教学反思？我们尝试从“是什么？”“为什么？”“怎么做？”这三个最基本的问题说起。

① 王玉建．七项精进，成就卓越教师［M］．长春：吉林人民出版社，2018：218.

“是什么？”教学反思是指教师对教育教学实践的再认识、再思考，并以此来总结经验教训，进一步提高教育教学水平。教学反思是教师完善教案、改进教学的有效途径，是总结教学经验、进行教学研究的重要依据。换句话说，反思是以“学习”为前提，以“更新”和“发展”为目标的。

“为什么？”从宏观上讲，教学反思是推进教师参与新课程改革、实施素质教育的良策，同时也是成就教师专业化发展的载体。从微观上看，它是教师根据国家的教育方针，按照一定的教学目标，有目的、有计划、有组织地指导学习知识、获得方法、启迪思维、培养能力、陶冶情操、形成习惯的主要践行方式，是教师获得终身学习、发展素质和能力的主要路径和方法。教育部教师工作组编的《中学教师专业标准（试行）解读》明确指出在专业能力方面“反思能够促进教师专业发展，要求教师坚持实践、反思、再实践、再反思，不断提高专业能力”。教学反思，伴随着教师教学水平的提高和发展过程。美国学者波斯纳认为：“没有反思的经验是狭隘的经验，至多只能成为肤浅的知识。如果教师仅满足于获得的经验而不对经验进行深入的思考，那么他的教学水平的发展将大受限制，甚至有所滑坡。”① 无独有偶，叶澜老师在《教师角色与教师发展新探》中指出：“一个教师写一辈子的教案不一定成为名师，如果有一个教师写三年反思可能成为名师。”因此，教师光有经验的积累是不够的，还必须对自己的这些经验进行批判性的剖析反思，从而促进教师教学水平的提高。

对于青年教师的教学反思而言，仅仅了解教学反思“是什么”，认识到“为什么”进行教学反思外，我们还需从自身实际情况出发，认真探索落实“怎么做”。我们不妨先完成下面的小调查，对自我的教学反思情况进行探索。

1. 您是否会对自己的教育教学感到困惑？

A. 经常　　　　B. 偶尔　　　　C. 根本不会

2. 当您在教育教学过程中产生困惑时，您会？

A. 向多方请教，寻找解决方法 B. 记录并反思，校正以后的教学行为

C. 暂时放下，下次遇到再说　　D. 不予理会

3. 您认为教学反思的相对较理想时机是？

A. 每节课的课后　　　　　　B. 每天工作结束后

C. 每个单元教学任务完成后　　D. 每个学期结束后

① Posner G. J. Field Experience，Methods of Reflective Teacher［M］. New York：Longman，1989：22.

4. 在实际的教学中，您一般会在________进行反思。

A. 课前　　B. 课上　　C. 课后　　D. 课前和课上

E. 课上和课后　　F. 课前和课后　　G. 课前、课上和课后

5. 您认为教学反思的作用是什么？（请按作用从大到小进行排序）____

A. 总结经验，提高教学能力　　B. 帮助审视自己的教学是否合理

C. 解决实际问题，改善教学效果　　D. 促进学生发展

6. 您平时进行教学反思的主要内容是？（请按照使用频率由多到少进行排序）________

A. 教学环节　　B. 教学设计　　C. 教学内容　　D. 教材的处理

E. 教学方法　　F. 教学效果　　G. 课堂管理　　H. 教学理念

I. 师生关系　　J. 其他：________

7. 关于教学理念，您是如何进行反思的？________

A. 教学理念是否符合新课程要求

B. 教学理念是否与时俱进

C. 教学理念是否符合学生实际发展需要

D. 只要是先进的理念都可以接受

8. 对于教学效果的分析和反思，您最关注的是？________

A. 教学目标达成度　　B. 知识掌握程度

C. 学生参与程度　　D. 学生发展程度

9. 您平时进行教学反思的主要途径是？（请按照使用频率由多到少进行排序）________

A. 写教学后记　　B. 集体备课　　C. 录像分析

D. 学期和学年总结　　E. 阅读相关理论文献　　F. 个人备课

G. 与学生进行交流和沟通　　H. 同行听课交流

I. 其他：________

10. 您在教学反思中遇到的个人方面的困难是？（若多选请按困难程度由高到低进行排序）________

A. 不了解方法，缺乏指导与培训　　B. 工作繁忙，缺乏时间反思

C. 缺乏团队合作意识　　D. 个人能力有限

在对自我的教学反思情况有所探索后，我们不妨了解一下梁慧君提出的不同阶段教师教学反思特点的异同（见表 10-1）。①

① 梁慧君，不同阶段小学教师教学反思的特点研究［D］. 上海：上海师范大学，2019.

表 10-1　不同阶段教师教学反思特点异同分析表

维度	共同点	不同点			
		适应期	发展期	成熟期	持续发展期
教学反思的认识	1. 在实际教育教学过程中会产生困惑，有一定的问题意识。 2. 认为教学反思的理想时机在每节课课后。 3. 教学反思对自己的实际教学有所帮助，最直接的作用是解决教学中的各种问题	在教学中遇到问题时通常会直接向其他教师请教，有时会过后就忘；借助教学反思完善教学设计	将教学中遇到的问题先记录下来，然后寻求同伴和前辈的意见；通过教学反思可以将问题归类，积累经验	遇到问题时先独立分析，如果不能解决再去向多方请教；教学反思的最主要作用在于促进学生发展	遇到问题及时记录，借助教学经验去解决问题，若不能解决则继续深入思考和请教他人；教学反思不仅对教师专业成长有帮助，还能促进学生的发展
教学反思的内容	教学反思内容范围主要包括以下五个方面： 1. 教学设计； 2. 教学环节； 3. 教学内容； 4. 教学效果； 5. 教学方法	关注教学设计和效果，很少关注到学生的实际参与情况；教学理念方面关注是否符合新课标要求；反思教学效果时看重知识掌握程度	关注教学设计是否适合学生，包括语言、提问方式等，比较重视学生的参与情况；教学理念方面关注学生需要；教学效果方面注重学生参与程度和掌握知识情况	关注教学设计的同时，注重对教材的处理和分析，重视如何将知识传递给不同层次的学生；教学理念方面注重学生发展需要；教学效果方面关注教学目标和学生发展程度	关注学生的发展，包括思维能力、品德等，同时重视课堂评价、学科交叉的内容和如何帮助年轻教师快速成长；教学理念方面，关注学生需要；关注学生发展程度，尤其是思维发展的过程
教学反思的方法	主要教学反思方法： 1. 写教学后记； 2. 集体备课； 3. 与学生交流； 4. 个人备课； 5. 同行听课交流	“想一想”是使用频率较高的方法之一，通常在学校的要求下才会写教学反思材料和借助录像分析法进行教学反思	倾向于使用与学生沟通的方法，认为教学反思的方法不受限制，可以灵活运用，一般会在公开课期间使用录像分析法以及落实纸质的反思材料	将“写教学后记”看作是有效的方法，通常会将共性的问题进行归类总结，认为与专家学者交流对教学反思非常有帮助，很少使用录像分析法	会根据实际的教学需要灵活运用一种或多种教学反思方法，关注学生的真实想法，一般在教研和公开课期间使用录像分析法

续上表

维度	共同点	不同点			
		适应期	发展期	成熟期	持续发展期
教学反思的时间	主要教学反思时间： 1. 课前反思； 2. 课后反思	通常会在课前和课后进行教学反思，课后反思为主，课前结合教辅材料及同事建议，对教学设计进行调整；课后主要根据个人感受和学生学习效果对课堂进行回顾和反思	主要在课前和课后进行教学反思，偶尔进行课上反思，课前会结合学生想法和新课标要求完善教学设计；课上通常会把学生的反应情况简单记录下来；课后主要结合学生作业情况进行教学反思	通常以课前和课后反思为主，根据教学经验以及学生差异确定教学内容和难度；课上对学生反应有及时性反馈，尤其是会针对不同层次学生调整教学活动的开展；课后主要结合个人判断和学生作业情况进行反思	通常会在课前、课上和课后都进行教学反思，三种类型的反思，使用频次比较均衡，课前充分分析教材，再结合学习情况备课；课上总是对学生的反应有适切的反馈并生成教学机制；课后通常会主要从学生发展的角度对教学的整个过程进行回顾和思考
影响因素	1. 学校因素。 教研活动的实施情况对教学反思有很大影响，在良好的教研氛围下，教学反思可以更加深入和全面；学校检查反思日志的做法在某种程度上可以督促教学反思。 2. 学生因素。 学生的课堂表现、作业情况以及师生间的互动交流都影响着教学反思。 3. 教师因素。 “没时间反思”和“不了解方法”是教师层面阻碍教学反思水平提升的主要因素	认为教研活动比较有意义，能够学习方法和技巧；学校检查的要求可以督促自己进行教学反思，但同时也使自己把教学反思当作一种形式；学生的作业情况对自己的教学反思影响较大，师生交流影响甚微；教师个人层面主要是不了解方法，教育教学理论以及学科知识等都不够丰富，很多时候都是发现了问题，却不知道如何反思、如何解决	认为良好的教研氛围为自己的教学带来很大的帮助，虽然主要以听众的身份参与其中，但总能学习到新的理念和经验；认为学校检查要求有必要，但有时候又会抑制教学反思；比较注重学生的作业反馈和师生交流，试图从学生的角度看待问题、设置问题，尤其是在提问方式方面影响很大；教师个人层面，则是时间不够，平时除了教学任务还有其他任务	认为良好的教研活动是教师的成长平台，对教师个人反思和积极反思都有帮助，可以使大家共同进步；认为学校检查的要求有一定必要，教学反思需要学校在制度上有明确的规定，但执行情况仍有进步空间；学生的课堂表现和师生交流都会影响自己的教学反思；教师个人层面主要是不了解有效进行教学反思的方法	认为教研活动是帮助教学反思的有效途径，不仅可以分享经验，还可以向年轻教师学习，以不断为教学注入新的能量；学校的检查要求虽然会增加工作负担，但是总体上还是能督促教学反思的进行；学生的课堂表现、作业情况等都是影响因素，并且会关注不同学生的实际发展情况；教师个人因素方面，主要是时间不够，但如果自己进行人力调整的话，还是会进行比较系统的反思

通过完成自我的教学反思情况小调查及了解“不同阶段教师教学反思特点异同分析表”后，你或许能更快地了解自身目前的教学反思情况及自身教学反思所处的阶段与其他阶段教师的差距。专家级的教师之所以思想、观察、实践、思辨等瞬间的爆发能让人望而兴叹，归根结底在于其拥有“一个开放的头脑、专心致志的态度、需要的专业水平”[①]。而真正意义上的教学反思是讲究技巧的，它不能只是对教学活动一般性的回顾和重复，而应是教师置身于整体的教育情境中，从更宽广的社会、教育等层面激发自我意识的觉醒，更重要的是指向未来的教学活动。所以，教师的教育教学观念、教学行为、教学思维、教学方法都应纳入反思的范畴。与此同时，教学中所出现的任何问题困惑都可成为反思的对象，对教学中任何问题困惑的思考探索都有可能是教学智慧产生的源泉，而每次反思都会有助于提高自身的教学能力。那么接下来，就让我们一起来了解青年教师进行教学反思的“七大步骤”。

一、反思习惯之练

洛克曾言：“习惯一旦培养成功之后，便用不着借助记忆，很容易地自然地就能发生作用了。”[②]反思与其他专业能力有所不同的是，平时的磨炼以爆发力的方式表现出来，所以青年教师在日常提升自我的教学反思里必须学会让教学反思成为一种习惯。用习惯看守反思，用习惯让反思的层级攀升，用习惯提升反思的效度和含金量。经过“共身体察—学习借鉴—升华提炼—个性融合—实践检验—认识创新”的历程进行思想锻造；在实践中体察、感悟，在学习中借鉴、融合，在深度思考中抽象、提炼，再在实践中完善、创新。

在这里，笔者望引入一个名词——复盘。“复盘”，原为围棋术语，也称“复局”，指对局完毕后，复演该盘棋的记录，以检查对局中招法的优劣与得失关键。在日常的教育工作里，青年教师可采用图 10-1 中的“复盘四步法”，对一天的教育工作进行复盘反思，日复一日练习，培养反思的习惯。

① 王玉建．七项精进，成就卓越教师［M］．长春：吉林人民出版，2018：216-223.

② 洛克．教育漫话［M］．杨汉麟，译．北京：人民教育出版社，2007.

图 10-1 复盘四步法

二、反思成功之举

成功是会让人上瘾的，成功之后还想有更多的成功。诚然，每一个教育者都渴望执教出一节节精彩的课，撰写出一篇篇优秀的教育之章。若想精彩的课堂有所延续，不仅要领悟“他山之石，可以攻玉”，同时亦需明白“知人者智，自知者明”。青年教师要学会总结归纳，详细记录观摩优秀课例或自身执教课例的成功精彩之处，如在教学中引起教学共振效应的做法，课堂临时应变所采取的得当措施，教学方法上的改革与创新；层次分明、提纲挈领的板书等，方便作为他日改进教学的“宝藏参考”和课堂的“点睛之笔”。

三、反思遗憾之处

众所周知，失败乃成功之母。每一位教师从踏上三尺讲台“青涩”的教育者到“出色”的教育者，总有一段过程。这一段过程或带起伏，时有精彩成功之甜，但亦时尝失败遗憾之苦。青年教师要学会调整心态，直面课堂的遗憾。教学后详细地记录归纳教学中的遗憾之处，如在课堂教学中没有达到预期的目标、教学临场发挥失常的原因、教学过程活动的冗杂繁多、时间的把控失误，等等。对这些遗憾失误的情况进行回顾梳理并剖析，可以引以为戒，在日后开展教学时尽可能避免再次的遗憾和失败。

四、反思学生之见

布鲁巴克曾言：“最精湛的教学艺术，遵循的最高准则就是让学生提问题。”[1]但由于学生的个体认知水平的差异性，不同的学生会在课堂上提出不同的问题，其中不乏有青年教师意料之外或一时难以回答的问题；除此之外，他们亦有可能随时发表一些独到的见解。正是因为这些“问题”和“见解”的出现，课堂才会绽放“思想之花”，缔造一个个教学精彩瞬间。青年教师若能认真反思，及时记录下这些“问题”和“见解”，则可进一步补充、完善和丰富自己的课堂教学思路及教学资源。

五、反思教材之明

教学反思需透彻理解学科知识的基本内涵，掌握其基本要领，认真研读教材，在日后的教学实践中以懂得基本的变通为要求，从而促进后续有效教学的生成。青年教师在备课过程中，除了进行静态生成（认真仔细研究教材，撰写有效教案）外，还应把在具体执教过程中出现的“教学相长”动态生成，使自身对教材有进一步的理解和感悟，并将其记录下来，积累为有用材料。有了“静态”与“动态”生成的相结合，青年教师才能更好地把教材从“厚”读“薄”，再把“薄”读“厚”。

六、反思灵感之源

随着教学过程的不断展开和深入，师生的思维发展及交流互动会引起两者进一步的情感交融与共鸣，往往会因为一些在课堂的及时互动而产生瞬间的教学灵感。这些“智慧的火花”常常是突然而至，出于师者的意料之外的，若不及时利用反思去捕捉记录，便会因时过境迁而致使“灵感”烟消云散。青年教师若能将这些教学灵感及时记录下来，作为日后教学的灵感储备，必能起到“教学相长”之作用。

七、反思再教之设

教学设计的提升非一日之功，其承载着教育者的奋斗。青年教师要相信“日拱一卒，功不唐捐”。青年教师要学会总结归纳，详细记录再教设计，如一节课下来教法上有何创新，对学生的启迪是否得当，设计开展的活动是否充分，课堂组织教学有何新招，等等。将其及时记录下来并进行必要的取舍与归类，思考一下再教这部分内容时该如何教，写出再教设计。这样可以督促自己扬长避短，精益求精，使自身教学水平持续地提高境界和提升输出高度。

---

① 刘月．高中化学教学中学生提出问题能力的培养与研究［D］．大连：辽宁师范大学，2012.

青年教师，需知“志之所趋，无远弗届”，时刻谨记育人初心，方能匠心独运；需明“业精于勤，贵在坚持”，时怀“积土而为山，积水而为海”的魄力，方有“集腋成裘，聚沙成塔”的成效；偶遇困难遗憾时能“不畏浮云遮望眼”，有“敢教日月换新天”的勇气；偶尝成功之悦时，能自醒“欲穷千里目，更上一层楼”；时能“吾日多省，反躬自问”，以记促思，以思促教。笔者相信，作为青年教师的你行而不辍，定会未来可期！

第十一章

青年教师如何做好小课题研究

身为教研员，在跟一线教师交流时，常常会发现，有很多教师都知道做小课题研究的重要性，也特别想做好小课题研究，却因为找不到方法和门道，甚至连选题思路都没有，而不知所措；也有一部分教师做了一段时间后觉得苦，最终未能坚持下来。所以这一章，我们就来谈谈青年教师如何做小课题研究的问题。

第一节　做小课题研究时常常会出现的一些误区

因为工作的原因笔者常常会被邀请去参加一些小课题的开题、结题或者中期汇报等活动，通过聆听汇报、查看资料等方式，笔者经常会发现一些教师在做小课题时会步入一些误区。

一、好大恶小，小题大做

小课题研究，顾名思义，就是要有所聚焦，要“以小见大”。有些教师在立项时是小课题研究，可是做着做着就开始“贪大”，一方面在研究上不能聚焦，另一方面又喜欢把在学校的各种工作成绩、工作经验等都罗列进来，最后愣是把一个小课题做成了区级或者省级课题的感觉。

二、注重形式，忽视过程

有一些小课题就是匆匆开题，迅速结题，没有过程。通常的做法是上几节公开课，写几篇文章，把一些尚未消化的理论拿来，东拼西凑，甚至把过去做的事情拿来炒炒冷饭，套上新的理念，贴个新标签，升华一下，就宣称解决了重大难题、意义深远。我曾经听到有位教师说：“学校有课题，教师也有课题，但是在实际工作中都忙于事务，忙于应付，末了写一个报告什么的算是课题的小结或者成果，对学校、对老师一点提高也没有。”其结果是造成教育科研中很多带有泡沫和虚假的东西，只有其名，而无其实。

三、急功近利，热衷炒作

我们几乎到处都可以听到课题“开题”的消息，领导、专家亲临指导，有关方面也津津乐道于有多少课题、课题的等第级别，结果是课题成了追逐名利的方式，研究成了个别人冥思苦想的胡造乱凑，更离谱的是一节课就可以归纳出一种模式。我曾经参加一次现场会，会上隆重推出好几个教学模式。我是最怕别人还没有做出什么成绩，就大肆宣传的，我觉得，这样的做法，“有哗众取宠之心，无实事求是之意”。一线教师一看就明白，这样做实际没有什么价值，因为你不能指望教师天天都“表演”。有良知的教师也不愿去做虚假表演的事情，他们需要的是自身专业的成长，教学技艺的提高。

四、跟风而上，创新不足

小课题研究要有创新，创新不是跟风，著作要读，专家的理论要学，研究的方法要学，但不能总停留在“复述”的层面上，要想办法使专家的理念、方法落地、生根、开花、结果，就必须使课题研究的内容贴近教师的教育教学实践过程中遇到的真实问题，范围不宜太宽太泛，目标不宜太高太玄。我觉得越是本土的、富有个性的东西，越有新意，不能人云亦云。研究的方法最好是以解决具体问题为主的微观研究，研究过程应该与改进和提升教师自己的教学能力密切相关，策略、方法应该方便教师与自己的教学实践建立关联，使而后生成的东西可以成为校本研究的对象和过程，不能让教师望而却步。一旦联系工作实际的东西实实在在了，这个研究才有了存在的价值。

五、闭门造车，缺乏引领

很多时候一线教师做小课题都是孤军奋战，没有形成研究团队。笔者认为，要使研究具有生命力，就要获得各个方面的支持。一个成功的小课题研究，离不开专家的支持。课题最终是否成功，最现实的是你做的课题是否获奖，即得到专家的认可。因此，就算只是做小课题，也要去找教研员、科研专家、师范院校教师沟通，尽可能得到他们的指点，使研究的课题更具严密性、科学性。

第二节　按照“小精实新”法则做好选题

一、“小”主要指的是主题小

选题时首先要考虑的就是题目会不会太宽泛，是不是应该更加聚焦，“小题大做”更容易出成果。“小”主要是指：

（1）选题内容和范围，从小事、小现象、小问题入手，关注的甚至是问题的“某一点”，以及某个细节。

（2）研究难度小，周期比较短，参与一个课题研究的人员少。

（3）方法简单，容易操作，见效快。

如下面三个课题名字，你会选哪个？

A．英语微课设计研究

B．发展小学生视觉素养的英语微课设计研究

C．发展小学生视觉素养的四年级英语阅读微课设计研究

C 项课题成功申报的可能性是最大的，因为题目比较小，比较聚焦。通常情况下，题域越窄，题目越小，越容易把问题讲透彻；题域越宽，例证越说不清楚，道理越讲不明白，面面俱到，点到为止，没有深度难成佳作。题目小一点，就能格调新一点，讨论透一点，这对教材、教法、教学对象的研究都可以深入。

二、“精”就是选题要非常精练、有价值

课题价值看其理论价值与应用价值。一是理论价值（学术价值），指课题对检验、修正和发展教育理论，建立科学教育理论体系的作用；二是应用价值，指选定的研究课题及其成果可直接运用于教学实践，具有指导教学实践的意义。如“新课程背景下校本教研管理模式的实践与研究”。

三、“实”就是从实际出发、量力而行

做课题研究主要是为了解决在教育、教学中发现的问题、遇到的困惑。这些问题包括教师教学实践、学生行为习惯和道德表现的问题，其中有学校教育的问题，还有学校管理模式的问题。笔者反对一线教师脱离教学实践做研究，做那些大而空的课题，徒劳无益。做课题研究应是教师自发进行、自我负责的“常态化”研究行为，不是给别人研究的，不是别人让研究的。

四、“新”就是要有新意

课题选题要新，是课题研究中最重要也是最难的一部分。创新点是什么呢？新意可以是指对象新、视角新，如“发展小学生视觉素养的英语微课设计实践研究”，这个课题从视角素养的角度出发，提出如何发展小学生“看”的能力，刚好跟《义务教育英语课程标准（2022 年版）》提出来的“看”这个新技能相吻合，就比较新颖。选教育科研的前沿课题，在做课题时如何做到“人无我有，人有我新，人新我特，人特我快”，达到特色创新的统一，是非常考验课题主持人的功夫的。当然，也不能盲目求新，要把教学需要作为第一选择，在学科间寻找交融与结合点，围绕热点问题下功夫、做文章。有一位幼儿园园长想做一个特别新颖的课题，可是不知道该如何确定选题。我就建议她每天晚上看一下中央电视台《新闻联播》，看看有哪些跟她的幼儿园或者幼儿教育相关的最新的政策，或者多看看一些与幼儿教育相关的书籍和核心期刊，了解最新的研究动向。过了一段时间，她特别开心地告诉我，她真的在《新闻联播》里发现热点问题，找到了研究方向，并且成功立项了。

第三节　开题时的“施工图纸”必须清晰明了

一、一个详尽的课题方案，是课题研究成功的保障

曾不止一次地听搞科研的专家说：“课题方案制订好了，课题也就做好了一半。”一般课题方案的基本框架包括：①课题名称；②问题的提出；③研究的依据和研究假设；④研究的内容；⑤研究的方法；⑥研究对象；⑦研究步骤；⑧研究保障；⑨成果预测；⑩课题组的组成及分工；⑪经费预算；⑫资料附录。

二、课题研究方案的制订

（1）提出问题（说明要研究的问题）。针对什么实际问题确立了校本课题？研究这个校本课题有什么实际意义？

（2）研究内容（明确研究的内容）。界定题目中的关键词，也就是研究的内容、重点、范围、对象等。

（3）研究实施（怎样实施研究）。一是起止时间的规划，最好安排到周次，明确结束的时间；二是明确每段时间内要完成的研究任务，分别采取什么方法，比如：先调查（调查法）→然后反思设计（思辨法）→接着实践行动（故事）→最后总结反思（经验总结）……根据课题研究的内容、策略

进行扎实的实践，不走过场、不玩花哨。关于研究内容的分解，笔者提倡用流程图的方法。图 11-1 是“发展小学生视觉素养的英语微课设计实践研究”这个课题的研究思路。

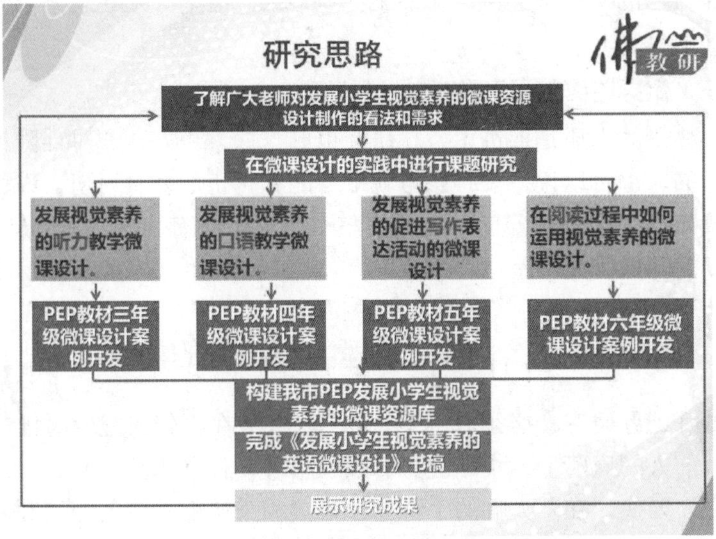

图 11-1 “发展小学生视觉素养的英语微课设计实践研究”研究思路

记录、收集实验的原始材料，包括阶段性报告、总结、个案分析数据等。发挥团队作用，群策群力，要努力构建研究共同体。一般来说，有三种合作形式：大学教师与中小学教师合作的研究共同体；教研员与中小学教师结成的研究共同体，这是较为常见的或者说是最普遍的研究合作形式之一；学校部分教师结成的研究共同体。

在合作研究时，要尽量淡化指导与被指导的关系，把民主、合作作为处理双方关系的准则。不唯书，不唯上，只唯实。同时，要消除依赖心理。

三、研究过程中需要强调的几个问题

（一）研究方案必要的修订与调整（研究过程的不断完善）

研究方案的设计不可能一蹴而就，必须随着研究的不断深入随时补充调整。只有进入实践的层面，我们才会更清楚地认识问题，更深刻地理解问题，更直接地找到解决问题的方法。研究方案与研究一定是有差距的，所以修订调整是必需的、必要的，而且这个环节也应该伴随研究过程的始终。

（二）广泛学习先进的理论，虚心借鉴别人的成功经验

如果说我们的校本课题研究有什么“捷径”可走的话，那么就是“学习

教育理论，借鉴别人经验”。任何一项研究都要有理论做指导、做支撑。把学习理论与探索实践和持续反思紧密结合起来，我们的研究既不迷失方向，又有实际效果。不过要注意一个问题，千万不要跟风，不能人云亦云；我们不能“让自己的头脑成为别人思想的跑马场”，借鉴必须在思索、分析、批判的基础上。

（三）贯穿始终的思考分析

教育科研的本质是促进思考。研究也好，探索也好，都是伴随或者说是依赖思考的。也可以说，没有思考就不可能有真正的教育科研。设计方案的目的是确定一个合理的实施计划，使整个研究工作有目的、有步骤地进行，最大限度地降低研究误差。

第四节　研究过程中要注意的问题

要做好课题研究，必须有三个“在”。一是在文献研究的时候，要善于站“在”前人的肩膀上，集结优势，吸收精华，往前再迈一步；二是在研究的过程中，要挽“在”大咖的手臂上，对接相关研究领域的专家和名校，对标各种比赛，争取多方支持，多出成绩；三是在研究的成果提炼中，将其打“在”自己的品牌上，要用好自己的研究成果，不断形成自己的特色和精妙之处，通过成果推广，提高自己乃至学校的知名度。同时，还要注意以下问题。

一、如何撰写研究课题的题目

一个好的选题是成功的一半。一切研究都始于问题。这个问题，可能来自于对教学实践的反思和质疑，也可能由对一些文献阅读的思考引发。那在给课题命名的时候要注意些什么问题呢？课题名字一般应包括三个方面，即本研究的研究问题、研究对象和研究方法。句式上一定是用一个陈述句，切忌用问句或很诗意的语言，这样才能凸显研究的科学性和客观性。一般好的题目字数上不能超过 20 个字，题目不宜过大。比如这个课题名称——“关于在中低年级构建学生、教师、家长三位一体的经典诵读共同体策略研究”，这个题目有什么问题呢？首先是超过了 20 个字，读起来又长又拗口；其次是研究对象不明确，研究的对象是三位一体，还是研究共同体，抑或是研究策略呢？再比如这个课题名称——“关于小学生英语阅读能力提升的实践研究”，这个课题问题出在哪里？问题就是太大了，制约孩子英语阅读能力提升的要素太多了，可能是他的兴趣不足，可能是他的词汇量不够，可能是他的阅读量不够，还可能是他的阅读方法不对。所以，如何将工作中的一系列问题转化成课题是非常重要的一环。

二、如何做好文献综述

文献综述能力是指对相关文献阅读、思考和写作之后的综合概括能力。课题研究的目的就是在充分借鉴别人经验的基础上提出解决问题的方法，这是课题研究最关键的一步。那我们如何来借鉴别人的经验？怎样避免重复劳动，站在前人的肩膀上往前再迈一步？最好的办法就是文献检索，对国内外的文献研究现状进行分析。文献检索的目的就是看别人在这个问题的研究上是怎么做的，最新的进展是怎样的，有什么方法是特别值得学习借鉴的，从理论或从经验上找到方法。我们可以从国内外在这方面研究比较深入的大咖或者名校当中找到一些经验和方法并做好细节记录与分析。若想要从别人那里获取方法，就要分析别人的方法，进行梳理总结归纳，这一步往往是很多教师很容易忽略的。那我如何把别人的方法拿来用呢？我们可以用实验法，不断地去实验验证它；也可以用行动研究法，不断地用一些实践去验证它，并要有所创新，形成自己的东西。让我们看一下比较标准的申报书是怎么写文献研究的，下边以“发展小学生视觉素养的英语微课设计实践研究”的课题申报书第一稿为例加以说明。

为了解国内外有关本课题研究方向的研究情况，笔者以“微课”及“视觉素养”为关键词，对 Web of Science、中国知网等数据库进行了检索，并通过文献追踪法查阅了近 10 年来的相关文献。截至 2016 年 6 月共检索到相关文献 451 篇，其中期刊文献 426 篇，硕博论文 25 篇。结果表明国内有关视觉素养的研究是从 2004 年开始兴起的，而有关微课研究的文献从 2011 年开始出现，且两者文献数量整体呈逐年上升的趋势，而且近三年来微课研究增幅非常明显，说明近几年微课和视觉素养的研究备受关注，正处于发展阶段。但是，综观所有的参考文献，发现国内在小学英语教学应用中以“视觉素养”为切入点的“微课设计”深入研究还处于空白区，可参考文献、案例比较少，经验不足。通过本实践研究，期望能为相关研究者提供参考。

这个文献研究虽然把相关文献大概做了一个综述，但最大的问题是并没有对相关的文献进行分析，即确认本研究领域有哪些“重要作者”和“重要文献”，发现哪些“重要观点”和“重要进展”，然后才提出本课题研究领域“有待进一步研究”的问题，从逻辑上为下一步呈现自己的“研究方案”做好准备。

三、如何做好开题汇报

开题报告的重要一步是课题论证。我们要请有关专家对课题的科学性、可行性进行论证。汇报要做到这 12 个字：看趋势、构概念、讲故事、强行动。

看趋势要从四个方面着手。第一，阐明你为什么要研究这个课题；第二，阐明你所研究的课题主要解决什么问题；第三，阐明解决主要问题的难点是什么，怎样解决，如何突破；第四，阐明前期成果有哪些。在论证的时候一定要考虑周到，能让大家很清晰地知道你这个课题所要解决的难点是什么，研究的趋势是怎样的，并表明你有能力可以解决。

构概念就是你要不断地去解释，去讲明白这个概念，还要起个好名字，要让人对你做的事情或者研究的事物形成一定概念。

讲故事就是要结合一些数据和事实去讲。不能光有理论，要有事实和数据支撑。光讲故事不行，还得把故事里面的道理说清楚。

强行动就是你得让大家知道你接下来会怎么做，思路是怎样的。强行动还包括你的认真态度，认真态度首先要从你的着装做起，论证答辩时要穿非常正式规范的正装，以示你对这件事情的重视。汇报时还要特别注意对整个研究逻辑的汇报。一般汇报首先强调这个研究的价值和意义。研究意义的表述一般是从两个层面展开，一方面是理论意义，比如你所构建新的模式、发现新的规律等；另一方面是实践意义，把研究的实践意义说清楚。其次是核心概念的界定，这个主要是根据课题题目当中的关键词来界定的。再次是研究内容，即你要研究什么事。最后是研究目标，重点描述你所要达成的目标是怎样的以及研究创新点是什么。简言之，做这个研究的原因、研究目标、创新点、研究过程、最终要形成的研究成果，整个思路都要非常清楚，逻辑要很清晰。在这个一次次思考的过程当中，也许你在不经意间便从一个教师成为一个教育家了。

强行动还有一层含义就是要注意确保所做的研究是可信可靠的。怎么样做问卷调查和做访谈？建议大家购买一些专业的书籍来认真学习。比如访谈有结构化的访谈，有半结构的访谈；从前测、中测到课题后测，考虑哪些数据是真实可用可靠的，研究对象抽样有没有问题，样本太小可不行；对访谈的提纲又是如何考虑的，这些都要有理有据。同时，你所做的任何一个研究，都要有理论基础。比如，在建构模式的时候，一定要用到建构主义理论，理论支撑这一块是很多教师会忽略的，但是一定要有理论支撑，实践研究才有意义，才有靠山，才够丰满。

四、如何写好研究报告

研究报告行文前先拟好三级提纲。提纲要思路清晰，层次分明，头尾连贯，符合逻辑，形成整体；提纲要经过反复讨论，尽可能少走弯路；不同的研究题目，文章的结构、格式、栏目可有差别，不要死套格式；观点要鲜明，突出创新性。当然，成果的撰写，跟大家平时的积累是分不开的，重点在于提炼和梳理。撰写研究报告应注意以下几个问题。

（1）紧扣主题。要围绕研究课题所涉及的研究对象、研究内容和研究目标来写，注意回答研究目标所设定的问题。

（2）预先整理好实验数据与素材，做好材料的选取。要选用最有价值的材料，与课题无关的、不能说明问题的材料要坚决去掉；确定正文和附件材料，做好材料的加工，调查数据、测试数据、实验数据等材料要采用教育统计的方法进行加工、提炼，使之条理化、规范化、系统化，这样才能从中找出规律，得到正确的结论。

（3）写成初稿后要反复修改。好文章不是写出来的，是改出来的；请专家或同行提修改意见（旁观者清），从多角度论证，减少失误。

五、如何撰写研究成果

关于成果的表述、归纳总结可以从以下几方面思考：一是在课堂教学上用了什么新的教学方法？二是这个方法对学生的成绩产生了什么影响？三是研究这个方法对教研团队产生了哪些影响，自身教研水平提升了没有？四是如果通过这个方法学生水平提升了，团队教研水平也提升了，那还改变了些什么面貌？这个面貌可以是学校层面的，也可以是学生层面的，还可能是家长层面的，那这个层面往往就可以归纳为素养的提升。五是是否还有一些物化的成果，比如教学案例、论文、专著等？六是课题的社会辐射影响力，即研究的成效有多大？比如家长的改变，学生的学习态度的转变，教师的专业素养的提升，这些都是一些成效；然后通过你的辐射引领带动了整个科组其他备课组、某个区域的教师的进步，这整个进步就是你的课题成效。当你既看得到成果又品得到成效的时候，那么这个课题就一定是非常成功的，成绩也有目共睹了。

接下来还是以“发展小学生视觉素养的英语微课设计实践研究”的结题报告的成果描述为例，跟大家分享一下笔者对课题成效的梳理思路。

【实训案例 11-1】

1. 课题研究推动了发展小学生视觉素养的英语教学策略开发。

“看”首次被写入《义务教育英语课程标准（2022 年版）中，与传统的英语听、说、读、写并列，成为英语语言技能的重要组成部分。所以总课题组分四个子课题组，分别把“看”与语言学习其他四个技能“听说读写”结合起来，重新对视觉素养的相关文献进行学习，对“看”在“听说读写”四个技能中的教学目的、教学层次、教学策略等方面进行研究并在课堂教学中加以实践和运用，开发了“初看解码——发展学生的信息获取能力；精看理解——发展学生的信息运用能力；深看思悟——促进学生的全面发展”三“看”教学策略，具体操作案例详见《成果影响证明材料》书册中顺德西山小学黄志敏老师的教学案例。

2. 课题研究加速了教师的专业成长。

本课题研究，加速了课题组教师的专业成长。三年来，课题组成员中，姚达文老师获中国英语阅读教育研究院颁发的“首届播种阅读耕耘奖”领航者称号，林小漫、晏裕红老师获中国外语园丁奖，林观有老师获教育部优秀教师称号，4 人被评为南粤优秀教师，15 人成为区名教师，13 人成为区骨干教师。11 位教师在三年间先后晋升为中小学高级教师。在 2019 年第二届佛山市优秀学科优秀青年教师的评选活动中，冯海燕、何菊华、吴少芹、范巧凌等 10 位课题组实验教师获得市学科优秀青年教师称号（全市小学英语学科各区共评出 31 名），占了全市第二届佛山市优秀小学英语学科优秀青年教师的三分之一席位。

课例方面，黎毅峰等教师执教的微课课例，在中央电化教育馆组织的教育部“一师一优课”活动中，被评为“部级优课”；吴少芹等老师执教的课例在广东省教育厅组织的广东省“一师一优课”活动中，被评为“省级优课”；另外还有 36 节课例获得省、市、区各级奖项。

在专著、论文方面，课题研究成果《发展小学生视觉素养的英语微课设计》这一学术专著，由海燕出版社于 2019 年 9 月公开出版发行。课题组有 35 篇系列论文获得省、市、区各级论文评比一、二等奖。林美芳老师等课题组主要成员在三年间先后有 16 篇成果论文发表在各级各类刊物，5 篇本课题研究的教学论文以学术专版形式发表在《佛山教育》2018 年第 3 期。

3. 课题研究发展了学生的视觉素养。

自课题研究实施以来，课题组成员以课题研究成果为指导，提升所教学生的视觉素养，使其在国家、省、市、区大型英语展示活动中表现优异。

2018 年至今，课题组成员指导的近 20 名学生分别在“21 世纪杯”全国学生英语演讲比赛、“希望之星”英语演讲比赛、广东电视台“一拼到底”等英语竞赛中获奖。

课题组成员还借助新型多媒体，在班上尝试用微课提高课堂实效，辅助课堂教学，创建班级微课教学微信公众号，激发学生的自主学习热情。

课题组成员自发研制的把“看”与语言学习其他四个技能“听说读写”结合起来的微课教学资源达到 2 000 多个，这些微课资源为发展小学生的视觉素养助力。

4. 课题研究打造了佛山市小学英语微课资源库。

课题组通过组织五区课题组骨干教师进行培训、比赛征集、项目建设和学术研讨等方法和手段，发挥课题骨干教师和课题学校的功能，探索跨区域的资源规模化共建共享的模式创新，开发了一批把“看”与语言学习其他四个技能“听说读写”结合起来的微课资源。

5. 课题研究建立了区域的资源规模化共建共享的机制。

课题组通过三年的摸索和经验总结，通过建立我市学科组长 QQ 群、佛山小学英语教研公众号、骨干教师微课制作交流群等平台，打造和完善了区域教学资源的共建共享模式，制定了《佛山市发展学生视觉素养的小学英语微课评价标准》《佛山市发展学生视觉素养的小学英语微课评委专家库》《佛山市发展学生视觉素养的小学英语微课使用细则》《佛山市发展学生视觉素养的小学英语微课版权保护承诺书》等条例，首创了我市小学英语区域教学资源的共建共享机制。

6. 研究成果在多地推广应用，得到一致好评。

课题组研究成果从 2017 年开始在省内外推广。特别是在疫情期间，课题组制作的发展小学生视觉素养的英语微课线上教育教学资源面向全省免费推送，教师们精益求精，夜以继日，认真研制微课合计 111 节（详见附录），其中有 32 节被选送到“学习强国”“南方 +”等国家、省、市级平台使用，这些资源同时在河源、韶关、湛江等地市推荐使用，课程依托“佛山小学英语教研”微信公众号共建共享，内容丰富实用，形式多样有趣，质量优良，使用便捷，深受广大师生欢迎。各地教育局纷纷发来资源应用证明，对我课题组的所做贡献表示感谢（详见各教育局开出证明，在《成果影响证明材料》书册）。

细读这个研究成果，会发现理论成果是写得不够的，在我们研写成果的时候，有些教师喜欢拿课题报告中的理论来做课题实践的支撑，但是真正做起来的时候就把理论丢了，结题报告上这个理论支撑部分也看不到了，更安谈能产生一些新的理论了。在这方面我们应该不断地进行自我反思。有些教师甚至一股脑把自己获得的所有奖项都拿出来，还很认真地列表说明，这也是非常普遍的问题。

写研究报告一定要有研究的结论。研究的结论不宜太多字，200 字以内即可，一定要回应文章开头提出的问题是否已经解决，或者说明是否有效地解决了这个问题。

还有很重要的一部分是讨论与启发。很多结题报告都会缺这一部分，但这其实是对你课题成果的再思考。就是说既然已经取得这么多的成果与成效，那这个课题是否就圆满了呢？是否还有哪些问题、哪些缺陷，还有哪些方面没有做好？如果在某些方面能够加强，会不会做得更好？研究价值、研究过程要不要重新调整？如果继续深入，应该怎样推进？这个宏观的视野和格局很重要。下边以笔者研究报告的反思与展望为例，供大家参考。

【实训案例 11-2】

反思与展望

反思课题的整个研究过程和结果，限于实践性研究的局限和课题组人员的理论水平，我们认为本课题可以从以下两个方面进行完善与继续研究。

基于我们课题组的文献研究，当前的小学英语课堂中，“看”的教学实践研究才刚刚开始探索，我们也仅仅是从微课设计这方面入手进行相关研究与探索。我们发现理清“看”的教学逻辑，对教师实施“看”的教学带来很大的启迪和导航。所以这是未来可以继续探索与研究的切入点。

在研究“看”如何作用于其他四大技能“听说读写”时，我们发现了一些规律，如多模态语篇、非连续性文本的功能，对发展小学生的阅读视觉素养特别有效（详见具体课例分析），如何遵循“看”的教学目的、层次和策略，设计具有综合性、关联性和实践性的教学活动，提高学生的综合语言运用能力和英语学科核心素养，是未来我们可以继续立项相关课题，并进行深入探讨和研究的方向。

第十二章
基于课程视域下的单元作业设计

笔者在长期与一线教师的交流中发现，教师在教学备课环节中，花费在作业设计上的时间偏少，而且在日复一日、亘古不变的作业布置和批改模式下，作业设计的能力难以随着教学时间的增长而提高，作业设计的质量也就更难以提升了。“双减”政策的落地，对一线教师作业设计的质量和效度提出了更高的要求。如何通过提升作业设计的质量，提高学生的学习成绩，维持参与作业的兴趣，减轻课后作业负担？在寻求答案的过程中，笔者深入阅读了王月芬博士的《重构作业——课程视域下的单元作业》一书，尝试以PEP《英语》五年级上册 Unit 5 There is a big bed 为例，实践基于课程视域下的小学英语单元作业设计。

第一节　课程视域下的单元作业设计含义和优越性

王月芬指出，课程视域下的作业观，有助于增强同一单元不同课时作业之间的结构性和递进性；增强各课时作业要素的整体设计和统筹分配；共同发挥作业和教学、评价的协同作用。[①] 基于上述观点，作业目标的确定就需要与教学目标的设定相一致，各课时作业的设计需要有结构关联性，作业的设计只有在宏观统筹整合下进行，才能保证其有效性。以单元为基本单位，对作业进行整体和系统的设计，符合上述要求。

以单元为整体的作业设计，通过统筹整合，可以提高同一单元主题下的各课时作业的层次递进性，加强衔接；保持作业内容、作业目标和教学目标的一致性，让不同的学习目标得以在各课时作业的设计中得到体现和达成；

① 王月芬. 重构作业：课程视域下的单元作业［M］. 北京：教育科学出版社，2021.

通过对目标、教学、作业、资源、评价的统筹整合思考，也能更好地发挥“教—学—评”一体的协同作用。

第二节　大单元整体教学设计实践

笔者以 PEP《英语》五年级上册 Unit 5 There is a big bed 为例，尝试小学英语单元作业整体设计教学实践。

一、教学一体，目标融合

在作业设计之前，笔者首先基于单元整体教学目标设定本单元作业目标。单元作业目标的设定，在整个单元分课时作业设计中起到引航的作用。笔者以学生最终的获得生成出发进行思考，在整体解读单元每课时教材内容后，以 Backward design 逆向设计该单元的整体作业目标，在宏观目标的引导下，系统切割设计各分课时的作业要素。只有设计与教学内容目标、教学重难点解决相一致的单元作业，才能切实推动学生学以致用，持续推进课后的学习深化。

为确保教学目标与作业设计目标的一致性，我们使用“单元目标制定表”（见表 12–1）进行目标的修订，确保作业目标不偏离单元教学内容，每项作业的设计都服务于单元学习目标的达成。

表 12–1　Unit5　There is a big bed 单元目标制定表

项目	教学目标	作业表述	对应目标
内容	1–a 能够听说读写家具物品单词：clock，photo，water bottle，plant，bike 1–b 能够听说读写表示位置关系的介词：in front of，between，behind，above，between，behind 1–c 能使用目标单词，介绍房间的摆设 1–d 能使用目标句型 There is/are ... 介绍物品位置 1–e 能认读含有 ai/ay 发音规则的单词 2–a 能对本单元的学习掌握情况进行判断 2–b 能评价自我学习过程中的进步和不足 3–a 能通过观察图片，阅读文字提示等信息判断物品的位置，提升逻辑思维能力 4–a 能养成收纳整理个人物品的习惯 4–b 了解垃圾分类知识，增强环保意识	1. 通过完成作业，能够认读并写出目标词组	1–a 1–b
		2. 在作业活动中，使用目标句型进行情景式的描述，描述房间物品，描述某处有某物	1–a 1–b 1–d
		3. 在作业中归纳 ai/ay 发音规则，并读出含有该规则的单词	1–e
		4. 使用评价量表，进行过程性评价，把握本单元学习重难点，反思过程性进步、不足	2–a 2–b
		5. 观察图片，阅读语篇，判断物品具体位置，发展观察能力	3–a 4–a
		6. 通过绘本阅读和拓展多模态资源，了解垃圾分类知识	4–b

二、层层渐进，螺旋上升

在课程作业观下，大单元整体设计的作业，并不是片面孤立的碎片化个体，而应该是教学目标循序渐进、学习任务衔接相连的主题式整体。单元作业设计可以避免一些重复性的作业布置与机械性的反复操练，为更高阶的思维发展活动腾出空间和时间，践行“双减”政策下减轻学生作业负担的要求。

在“介绍房间”话题单元作业设计中，笔者进行了同一话题下的分课时作业设计。在第一课时作业中（见图 12–1），学生在关键词语和句式的帮助下，向父母介绍 Oliver 的房间中物品的陈列和摆设。通过第二课时作业（见图 12–2），学生需要动笔写一写 Oliver 家的房子的房间分布，描述各个房间中有什么物品。学生可以根据自己的实际能力选择是否更充分地描述出房间物品，是否需要通过搜索的方式，寻求更多的资源词汇。使词汇通过对各房间中相同物品的描述复现，这也是为了以一种更有意义的方式替代以往旧式的机械性单词抄写作业，同时能发展学生词汇归类、同类词扩展学习的能力。第三课时作业（见图 12–3），则要求学生动手进行“我的房间”立体画的创作，创作完成后，可以以个性化选择的方式，选择使用句式结构支持下的篇章介绍，或者拍摄成视频进行立体房间的介绍，这个任务的设计是建立在第一及第二课时的作业中，学生已经熟知目标单词和句型的基础上，进行更高层次的知识融合的输出。先说后写，然后再自主介绍，各分课时作业的设计难度逐渐增大，学生能力层次的发展也不断提高。

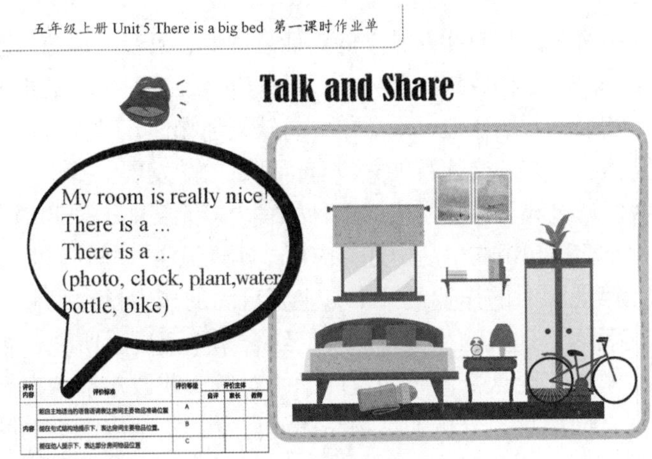

图 12–1　第一课时学生作业

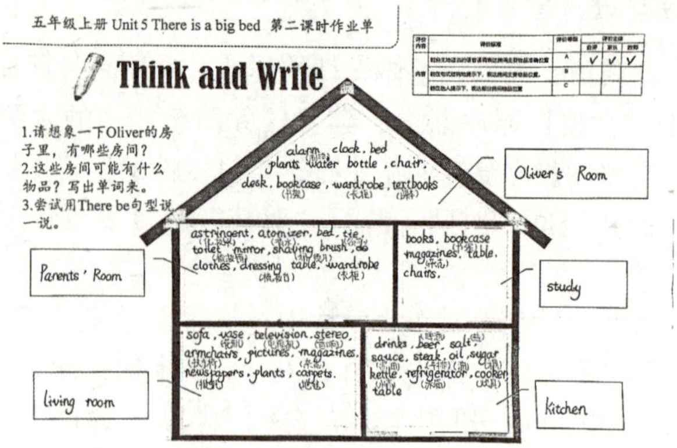

图 12-2　第二课时学生作业

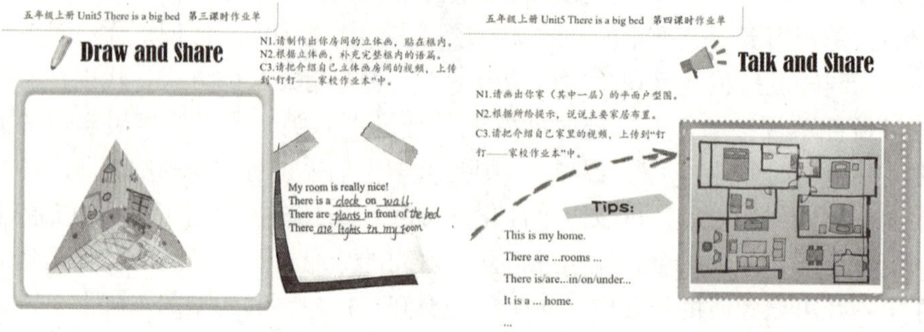

图 12-3　第三、四课时学生作业

三、多元设计，丰富类型

PEP 教材中每单元都有相对独立的对话、词汇、语音、语篇故事板块，这些板块紧扣主题出发，构成单元整体。但长久以来，针对特定的板块，固定的听读、抄写、背诵、习题作业，形式单一，缺乏趣味性，学生言语、音乐、逻辑、视觉、身体、自知和交往智能并没有得到有效的发展。基于加德纳的多元智能理论，我们通过充分调动学生的多种感官、多元智能，强调语言在情境中的真实应用，使学科知识在生活中迁移应用，实现灵活多样的作业设计。

在本单元第五课时的作业设计中，主要巩固的能力是在目标句式中寻获关键方位介词短语，理解物品位置。我们结合学生语言、听觉、视觉智能进行作业开发，学生需要认真倾听两位同学的对话，获取对话中提及的主要物品，然后根据介词信息，分析书桌物品摆放位置，绘制出书桌的图画，并根据想象丰富书桌物品（见图 12-4）。该任务调动了学生多重感官，融合多模态资源，培养学生多元思维品质。

五年级上册 Unit 5 There is a big bed　**第五课时作业单**

1. 请扫码练习听力，根据听力内容，画出房间中书桌上的物品。
2. 请继续完善桌面文具，用There be句型介绍这张书桌。

请扫码练习听力

图 12-4　第五课时学生作业

在完成了前面课时作业的书写、介绍交流任务后，在第六课时的作业中，笔者设计了求租合适房屋的生活情景，以期实现知识的迁移和在实际生活中的应用。学生需要阅读报纸上的《房屋求租公告》（见图 12-5），提取每位租户的关键信息点，根据租户个人生活习惯做出判断，分析辨别比较图片信息，综合应用本单元知识解决生活问题。

五年级上册 Unit 5 There is a big bed　**第六课时作业单**

请阅读报纸上的《房屋求租公告》，并为以下租户匹配合适的房型。

1. ( )
I am Ricky. I like sports. I like watching basketball match. I want to have a big TV and a comfortable sofa.

3. ( )
My friends call me "foodie". I like eating and cooking. I want to have a big fridge in my room.

2. ( )
My name is Kitty. I am lovely. I like animals and puppies. I want to have a room with many animal pupppies.

4. ( )
I am Jacob. I join a reading club. I like reading great books very much. I hope there is a bookshelf.

图 12-5　第六课时学生作业

四、学科联动，横向衔接

小学英语学科中提升学生核心素养，其任务除了知识能力的提升，还有学生跨文化意识的提高和人文素养的构建。要求我们基于单元，扩展与主题相关的课外阅读素材，丰富课程资源，以此提升学生的人文意识。

在本单元“房间物品”主题下，引导学生收拾房间，正确处理多余物品的途径和方法。为了更好地达到这一育人目标，我们横向联动综合实践科教师，在同一时段内学习关于“垃圾分类”的方法，为英语相关主题阅读任务和作业的达成提供必要的知识能力，让学生在同一时段内的主题相关能力得到协同发展和关联。我们在本单元为学生提供了关于“处理房间多余物品”的阅读指南和操作手册，期待学生在阅读后，实践综合实践科及英语科的联动作业任务，收拾好自己的房间，学以致用（见图 12–6）。

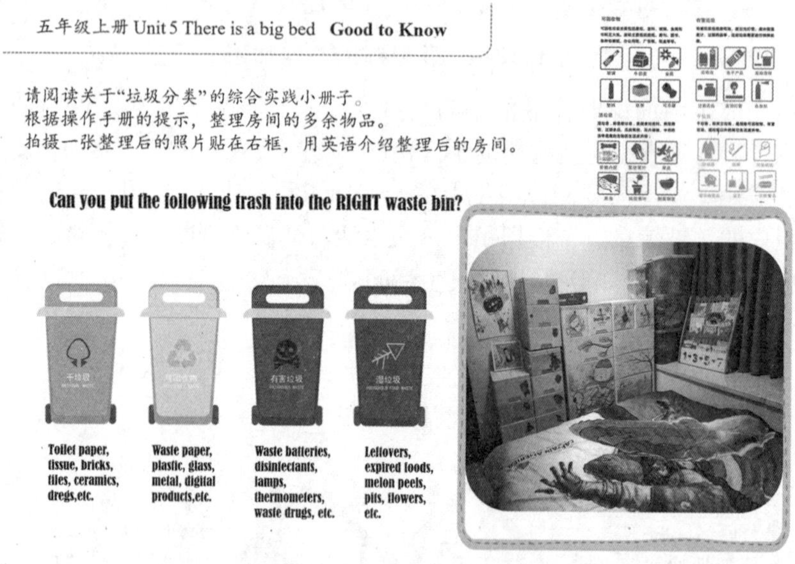

图 12–6　学生根据作业指南（Good to Know）收拾好自己的房间

五、基于学情，有效评价

作业包括作业设计、作业布置、作业批改、作业讲评、统计分析、讲评辅导等各个环节，这些要素相互支撑，循环发展。在单元作业设计中，采取多维度、多主体的合理评价方式，能唤醒学生的学习积极性和主动性，让学生在开始完成单元分课时作业前，就清楚地了解本单元的学习目标，并在学习过程中自我审视和评价，达到自主监控，主动反思，以评促学，让教、学、评保持目标的一致。

在本单元的各分课时作业的设计中，笔者把分课时的作业目标融入到“三维评价表”（见表 12–2、表 12–3）中，请学生、家长、教师对该作业进行完成度的衡量与评价，让评价的主题更加多元，具体的评价标准以“行为条件 + 表现程度 + 行为表现”的形式表达，让学生在完成作业的同时，有据可依，充分发挥评价的导向功能。通过单元作业的系列评价，学生在无意识中以本单元的学习目标反思审视自己的作业行为，有利于推进作业的有效性实现。

表 12–2　第一课时评价量表

评价内容	评价标准	评价等级	评价主体		
			自评	家长	教师
内容	能自主地用适当的语音语调表达房间主要物品的准确位置	A			
	能在句式结构的提示下，表达房间主要物品的位置	B			
	能在他人的提示下，表达部分房间物品的位置	C			

表 12–3　第二课时评价量表

评价内容	评价标准	评价等级	评价主体		
			自评	家长	教师
内容	能通过自主搜索，填写出各房间的丰富物品，单词拼写准确无误	A			
	能在课本的帮助下，填写出各房间的主要物品	B			
	能在他人的帮助下，填写部分房间物品的位置	C			

课程视域下的单元作业设计教学思想，以其整体联系性、任务递进性、核心知识重复性的特点，深度指向提升学生核心素养，提高作业的有效性目的。基于单元目标、学习内容、资源、评价，以单元为基本单位进行作业设计，可以减少重复性的机械作业，使得作业设计更具科学性、递进性、多元性、适切性，让作业真正有效，让学习真正发生。

参考文献

[1] 李海芬. 教师职业生涯规划与设计［M］. 重庆：重庆大学出版社，2014.
[2] 杜秀芳. 教师职业生涯规划与发展［M］. 上海：华东师范大学出版社，2015.
[3] 程振响. 教师职业生涯规划与发展设计［M］. 南京：南京师范大学出版社，2006.
[4] 郭平. 教师专业发展概论［M］. 成都：西南交通大学出版社，2017.
[5] 金忠明，林炊利. 教师，走出职业倦怠的误区［M］. 上海：华东师范大学出版社，2011.
[6] 郭平. 中学教师综合素质与职业发展［M］. 成都：西南交通大学出版社，2015.
[7] 秦芳，赵婕妤. 明师教学风格案例的多维解析（下）［M］. 北京：东北师范大学出版社，2020.
[8] 王式仁. 英语标准发音教程［M］. 北京：高等教育出版社，2012.
[9] 鲁常英. 经典英文枕边书［M］. 北京：中国纺织出版社，2018.
[10] 张冠林. 英语语音语调·从零起点到发音王［M］. 北京：外语教学与研究出版社，2010.
[11] 凯利. 朗文如何教发音［M］. 邹为诚，译. 北京：人民邮电出版社，2011.
[12] 中华人民共和国教育部. 义务教育英语课程标准（2011 年版）［M］. 北京：北京师范大学出版社，2012.
[13] 王月芬. 重构作业：课程视域下的单元作业［M］. 北京：教育科学出版社，2021.
[14] 朱浦. 小学英语单元整体教学实践与研究丛书［M］. 上海：上海教

育出版社，2020.
[15] 王蓉琴. “分层按需”提升中职学校校本研修实效 [J]. 教育科学论坛，2020（6）：55–57.
[16] 吴晓雄，刘敬芝. 职业生涯规划教育对大学生自我发展作用的研究：以某“211 工程”大学为例 [J]. 西南交通大学学报（社会科学版），2017（4）：59–69.
[17] 金连平. 中小学教师职业生涯规划：概念、问题及对策 [J]. 上海教育科研，2010（9）：13–16.
[18] 郭平，杨越. 高校青年教师职业生涯发展现状与对策研究 [J]. 中国青年研究，2010（7）：111–113.
[19] 黄静. 小学英语教师课堂反馈语的问题与对策 [J]. 中小学外语教学，2020（20）：8–15.
[20] 杨芳. 小学英语对话教学中发展学生思维品质的实践 [J]. 中小学外语教学，2020（20）：41–46.
[21] 吴金潇. 在阅读教学中利用文本留白培养学生的思维品质 [J]. 中小学外语教学，2021（4）：47–53.
[22] 罗益维. 例谈阅读教学中开放性问题的设计 [J]. 中小学外语教学，2020（14）：55–61.
[23] 王蔷，周密，蔡铭珂. 基于大观念的高中英语单元整体教学设计 [J]. 中小学外语教学（中学篇），2021（1）：1–7.
[24] 熊瑞仪. 巧妙重构文本，优化课堂教学 [J]. 中华少年，2017（9）：118–119.
[25] 王月芬. 作业内涵的比较、分析与界定 [J]. 基础教育课程，2014（15）：14–17.
[26] 陈悠然. 指向深度学习的小学英语单元作业设计 [J]. 小学教学设计（英语），2020（27）：54–57.
[27] 俞一春. 小学英语单元作业设计和评价的实践与思考 [J]. 新课程研究，2021（19）：120–122.
[28] 刘方竞. 小学高段英语作业单元整组的设计与实施：以 PEP 五年级教材为例 [J]. 教学月刊：小学版（综合），2020（4）：24–27.
[29] 樊玲. 基于多元智能理论的任务设计 [J]. 教育教学论坛，2015（9）：65–66.
[30] 郭平，王蓉琴. 促进教师专业发展的职业生涯规划 [J]. 中国德育，2020（18）：20–23.

［31］曾燕虹．学术论文写作格式与规范［EB / OL］．［2021-07-31］．https：//mp．weixin．qq．com/s/Ky5ckgU-gsNMVlFgWdJifA．
［32］王爱玲．中小学教育科研论文的专业表达［Z］．2021-07-31．
［33］黄日暖．经验　精研　惊艳：谈中小学教师论文写作［Z］．2021-07-31．
［34］王蔷．大观念视角下的单元整体教学设计［Z］．2020-11-19．